Luisann

CW01456214

111 ricette italiane che devi saper cucinare

Fotografie di Maddalena Messeri

111

emons:

A Carlo Mazzacurati, amico goloso,
nel ricordo delle nostre belle chiacchiere e cene.

PEFC zertifiziert

Dieses Produkt stammt
aus nachhaltig
bewirtschafteten Wäldern
und kontrollierten Quellen

PEFC/04-31-1370   www.pefc.de

© Emons Verlag GmbH
Tutti i diritti riservati
Fotografie: © Maddalena Messeri
Immagine: foulard della collezione Sapori d'Italia Tablecloths
di Massimiliano Parri, disegnato da Gianluca Biscalchin
Progetto grafico: Eva Kraskes, da un'idea
di Lübbeke | Naumann | Thoben
Stampato presso: Grafisches Centrum Cuno, Calbe
Printed in Germany 2017
ISBN 978-3-95451-625-4

III edizione, dicembre 2017

Distribuito da
Emons Italia Srl
Via Amedeo Avogadro 62
00146 Roma
www.emonsedizioni.it

*Non si vive di solo pane. Ma piuttosto di panini, soffiate,
coppiette, michette, ciriole, grissini, crostini, tarallini, cracker, schiacciate,
pancarrè, pan brioche, scrocchiarelle, brezel, bagel, sfoglie, gallette.*
Marino Niola

Un sondaggio internazionale vede l'Italia "luogo ideale" in cui il 90%
degli intervistati adorerebbe vivere. Il Made in Italy sta conquistando
il mondo. Ma noi italiani non facciamo solo le macchine o i vestiti
più belli di tutti gli altri!

La cucina italiana, ad esempio, negli ultimi tempi, ha conquistato le tavole del globo, superando perfino la concorrente di sempre,
quella francese: ora tutti vogliono cucinare e mangiare italiano… e un
motivo c'è! Io ho provato allora a tirar giù almeno 111 motivi culinari:
una carrellata di 111 ricette regionali, di casa, agili e accessibili, con
il sapore autentico della grande cucina italiana, della Dieta Mediterranea, frutto di una tradizione, di una biodiversità e di una ricchezza
senza pari, sinonimi di qualità, benessere e autenticità.

Sono ricette semplici, ricette per far festa che, sono sicura, a
ognuno faranno venir voglia di mettersi ai fornelli e invitare parenti
e amici con cui condividere un'esperienza, un'emozione. Ma sì, siamo
generosi, mangiare in Italia è condivisione, è stare in compagnia…
Il cibo, quello buono nostro italiano, fa bene alla pancia e al cuore.

Ma se pensate alle ricchezze, alle bellezze di Roma, Firenze, Venezia, Langhe, Toscana, Sicilia, non siete percorsi da un brivido, non
cadete in preda alla Sindrome di Stendhal? E davanti a un bicchiere
di Chianti, Barolo o di Prosecco, se dico lasagne, tagliatelle, baccalà,
fritto misto, tiramisù, panna cotta, polpette, olio extravergine d'oliva,
parmigiano, pecorino, non vi aumenta la salivazione?

E allora poche chiacchiere, dovete imparare almeno a cucinare
questi 111 semplici piatti delle nostre meravigliose regioni, visitare i
musei del cibo e comprare tutti i buoni prodotti nostrali, tutta roba,
ingredienti che l'hanno resa unica, proprio come la sua gente: l'Italia
è patrimonio del mondo e dell'umanità anche a tavola.

Luisanna Messeri

111 ricette italiane

UOVA, VERDURE, CARNE E PESCE

DOLCI, TORTE E CREME

CAFFÈ E AMMAZZACAFFÈ

1__Acciughe marinate e condite

Se il tuo pescivendolo non te le vende già pulite, niente paura. Stacca per prima cosa la testa, prendendola fra le due dita, indice e pollice e, premendo, tira: ti verranno via anche le interiora e la lisca. Lascia i due filetti attaccati, passali velocemente sotto l'acqua, asciugali con la carta assorbente. Una volta disposti in un solo strato, con la parte d'argento all'ingiù, irrorali di limone, copri con la pellicola e passa in frigo una ventina di minuti. È importante che il pesce non "cuoca" sotto l'effetto del limone, ma si insaporisca soltanto.

Riprendi i filetti, asciugali e sistemali a tuo gusto sul piatto: io faccio dei rotolini con dentro un capperino, e li condisco con cipollina fresca, sedano, sale e pepe e, su tutto, un filo d'olio buono. Servili con una fresella o del buon pane integrale.

Così preparate e sigillate con la pellicola, le acciughe si conservano in frigo per due giorni.

Genialata L'acciuga (*alice* quando è giovanina e *bianchetto* quando è neonata) fa parte dei cosiddetti pesci poveri, il "quarto stato del mare" snobbato dai più, ma prezioso per chi in cucina ha l'occhio lungo. Oddio, ormai tanti l'hanno capito e per questi pesciolini, pieni zeppi di omega-3, oggi i prezzi sono saliti parecchio.

Come si riconosce se sono fresche? Sono turgide, lucide, belle sode e con gli occhi puliti, vivi e tersi. E se con un dito ne premi la carne, non deve rimanere l'impronta.

Attenzione! Per colpa dell'anisakis, il parassita che ha proliferato nei nostri mari a causa dell'aumento della temperatura dell'acqua (e qui i colpevoli siamo anche noi!) i pesci azzurri, prima di essere consumati crudi, vanno passati nell'abbattitore.

Non ce l'hai? Allora devono stare 24 ore nel freezer a -20°.

Non hai nemmeno quello? E allora te le mangi cotte: fritte, infarinate e dorate nell'uovo, o in tortino con aglio, pangrattato e prezzemolo e messe per pochi minuti in forno.

Ingredienti 20 acciughe fresche (e abbattute), 3 limoni bio, un ciuffo di sedano, una manciata di capperi sottaceto, un cipollotto fresco, olio extravergine, sale e pepe nero.

2__ Bruschette o crostoni

Fai a fette il pane raffermo di qualche giorno.

1) *Salsiccia* (la bruschetta in alto a sinistra): mescola in un ciotolino una salsiccia con 100 g di stracchino e spalma il composto sul pane. Sistema le fette in una teglia e inforna a 180° per una decina di minuti, fino a che non si sarà formata una bella crosticina.

2) *Tonno e cipolla*: scola e sbriciola grossolanamente il tonno e condiscilo con fette di cipollotto fresco, qualche foglia di basilico e timo, un filo d'olio e una goccia di aceto e condisci il pane che avrai nel frattempo abbrustolito.

3) *Aglio e olio*: dopo aver abbrustolito il pane da tutte e due le parti, sbuccia uno spicchio d'aglio e strofinalo appena appena sulla fetta. Condisci ogni fetta con un bel filo d'olio buono e un pizzico di sale.

4) *Pomodoro*: sbuccia e taglia a dadini dei pomodori maturi, condisci con olio, sale, pepe e basilico e mettine una cucchiaiata sul pane grigliato.

5) *Bresaola e robiola*: anche qui pane grigliato e spalmato di robiola. Lava la pera e, senza sbucciarla, tagliala a rondelle. Alterna una fettina di bresaola e una di pera. Rifinisci con un trito di noci.

6) *Mozzarella e acciughe*: sistema sul pane una fetta di mozzarella e un filetto di acciuga. Passa in forno per sciogliere un po' la mozzarella.

Genialata Le bruschette, dette anche *crostoni*, sono davvero una miniera di fantasia e salvano sempre qualsiasi situazione!

Sopra puoi metterci di tutto: erbette crude e cotte, formaggi, affettati, carpacci, frutta secca, pesciolini, sott'olio, prosciutto e fichi, ricotta e pomodori secchi, una fettina di lardo di Colonnata con un filo di miele di acacia… si accompagnano sempre a un buon bicchiere di vino.

Ingredienti Pane, salsiccia fresca, stracchino, mozzarella, acciughe sotto sale, pomodori maturi, cipolla, tonno sott'olio, aglio, bresaola, robiola, pera, noci, olio extravergine, sale, pepe, basilico, erbette ecc…

3__ Crema di baccalà con cialdina di ceci

Metti sul fuoco una pentola con l'acqua e il latte; aggiungi la cipollina pulita, l'alloro, la patata intera e fai bollire. Quando la patata sarà cotta, spengi, metti il baccalà e chiudi col coperchio per 10 minuti. Scolalo e sbriciolalo con le dita, facendo attenzione alle lische nascoste nella polpa. Nel mixer inserisci il baccalà, un'idea di aglio, mezza patata calda, foglioline di prezzemolo e pepe. Aziona e versa l'olio a filo, come se facessi una maionese. Aggiungi ancora qualche pezzetto di patata per dare alla crema pastosità e morbidezza. Conserva in frigo. Per fare la *cialdina di ceci* mescola tutti gli ingredienti e fai riposare in frigo per 12 ore. Quindi prendi un padellino antiaderente, ungilo e metti sul fuoco. Cuoci la cialda come una frittatina, un mestolino per volta. È buona sottile, croccante e ben impepata. Servi la cremina a temperatura fresca: con un coppapasta crea delle rotelle di crema da appoggiare sulle cialde. Alé!

Genialata In questa ricetta è importante tanto la qualità del pesce (carni bianche, pelle chiara e un profumo penetrante ma non acre) quanto il timing perché "baccalà, fegato e uova più bolle e più si assoda"…

Magna cum moderatione Tra gli ingredienti non c'è il sale. Il baccalà è già conservato sotto sale… Puoi dissalarlo da te in due giorni, a mollo in una bacinella, in frigo, cambiandogli spesso l'acqua. Chi soffre di ipertensione, di reni o ha la gotta, non deve abusarne.

Ideona Asciuga il baccalà e fallo a lamelle, condisci con trito di olive taggiasche, pomodoro, cipolla, basilico, limone e olio.

I ceci Danno una farina molto grassa che dura poco tempo: per questo per preparare la *cecina* o *farinata, panelle, torta*… deve essere fresca.

Ingredienti *Per il baccalà*: 400 g di un filettone di baccalà ammollato, un'idea di aglio, prezzemolo, 1 patata, una tazza di latte fresco, una foglia di alloro, una cipollina, olio extravergine di oliva, pepe nero; *per la cialdina*: 220 g di farina di ceci fresca, 100 ml di acqua, 2 cucchiai di olio extravergine, sale e pepe.

4_ Focaccia, schiacciata e…

In una ciotola capiente, mescola bene la farina con il lievito. Incorpora metà acqua e, con un mestolo di legno, mischia. Aggiungi il sale, lo strutto e il resto dell'acqua. Trasferisci il composto sulla spianatoia e lavoralo ancora, fino a che non avrai nelle mani un impasto omogeneo che metterai in un contenitore oliato. Sigilla con pellicola e lascia lievitare un'ora o fino a quando non sarà raddoppiato. Stendi la pasta in una teglia bassa ben unta d'olio, avendo l'accortezza di creare con la punta delle dita delle fossette. Irrora la superficie con una miscela di 1/2 bicchiere di acqua, olio, un po' di sale grosso e fai lievitare per 30 minuti. Intanto scalda il forno a 200° e cuoci per 20-25 minuti.

Genialata Le cose semplici danno molta soddisfazione perché sono… complicate! In questa ricettina da nulla ci ritrovi i **4 elementi** primordiali che hanno visto l'origine di tutto: la *terra* (che genera il grano), l'*acqua* (che impasta la farina), l'*aria* (che permette la lievitazione) e il *fuoco* (che cuoce). Infinite sono le ricette e tanti i nomi regionali: *fitascetta, sardenaira, stiacciata, schiacciata, pissaladiere*…

Ideona Puoi profumare la focaccia con rosmarino o salvia, origano, fette di cipolla, patate e prezzemolo.

Il *calzone* è un'altra idea geniale: su metà del disco di pasta metti un paio di fette di prosciutto cotto e mozzarella e chiudi, sigillando bene i bordi, ripiegando la pasta e creando una mezzaluna bella gonfia. Cuoci in forno come di consueto. Se li fai piccoli come ravioli puoi anche friggerli.

Donzelle, viareggine, coccoli, gnocco fritto ecc. sono quei meravigliosi paninetti che puoi fare, friggendo piccoli pezzetti di questa pasta ben lievitata.

E un DOLCE, no? Basta che tu ricopra la focaccia, prima di metterla in forno, con abbondante zucchero semolato e tanti chicchi di uva da vino, o altra frutta a tua scelta.

Ingredienti 1/2 kg di farina, 400 ml di acqua, 10 g di sale integrale, 4 g di lievito secco in granuli, 15 g di strutto, olio extra vergine di oliva, 1 bicchiere di acqua, una presa di sale grosso.

5__Frittino misto

In una ciotola, con una frusta, mescola ben bene la farina con la birra, aggiungi un pizzico di sale e una macinata di pepe. Copri con la pellicola e lascia riposare in frigo almeno mezz'ora. Verdura e frutta vanno lavati, asciugati, tagliati a fette o a bastoncini e, una volta passati velocemente nella pastella, fritti in abbondante olio caldissimo. Metti il fritto a scolare sulla carta assorbente, aggiungi una spolverata di sale fino e servi immediatamente.

Genialata Accompagna il fritto sempre con qualche salsina agrodolce e piccantina: serve per dargli sprint e spezzare una certa monotonia. L'Artusi consigliava il semplice limone. *Pastella* Se non hai la birra puoi usare acqua gassata ghiacciata e un tappino di acquavite per dargli profumo.

Ideona Fiori di zucca: sono delicati e durano poco, come tutte le cose belle! Togli loro il pistillo stando attento a non rompere il petalo. Dentro al fiore inserisci un pezzetto di mozzarella e 1 cm di pasta di acciuga. Sigilla il fiore e il suo goloso contenuto immergendolo nella pastella e friggi come sopra.

Il punto di fumo… Quale olio usare per avere una frittura croccante e digeribile? Quello più adatto è l'olio di arachide, uno dei pochi che tollera i 200° prima di raggiungere il suo "punto di fumo" (momento in cui si altera e rilascia particelle pericolose). Il segreto è non risparmiare sulla quantità: i pezzi da friggere devono galleggiare nell'olio così che non ne assorbano. Usato una volta, va buttato via. Non nel cesso, che inquina, ma va portato nei centri di smaltimento.

Il fritto È una delle grandi invenzioni della cultura materiale dell'umanità, fa *comparita*: costa poco e rende moltissimo. Indispensabile per fare un fritto come Dio comanda è la padella di ferro.

La friggitrice elettrica? Sì, si può usare.

Ingredienti A seconda della stagione: fiori di zucca, zucchini, salvia, melanzane, cipolle rosse di Tropea, cimette di cavolfiore, patate, pomodori verdi, una mela renetta; 300 g di farina 00, 60 ml di birra fredda, sale marino, pepe nero e olio di arachide.

6_ Funghi porcini fritti

Pulisci i funghi ma non lavarli: il terriccio del gambo lo levi aiutandoti con un coltellino, poi con un cencio umido netta le cappelle con cura. Taglia i funghi a fette alte un dito e infarinale. Porta a temperatura una padellata d'olio e friggi come di consueto, a fiamma media. Metti i funghi a scolare l'olio in eccesso su carta assorbente e porta in tavola. Da mangiare immediatamente con l'aggiunta di un pizzico di sale fino.

Genialata I porcini, *boletus edulis*, preziosi e delicati, quando li acquisti devono essere anche belli.

Diatriba senza fine: i funghi vanno fritti con l'uovo o senza? Io dopo diverse prove ho deciso: friggo senza uovo, uso solo farina e olio extravergine. Il risultato è un fritto leggero e fragrante.

Aggratis: se a inizio o fine estate piove parecchio (e poi fa caldo ma non troppo, e non tira tanto vento che asciuga il terreno) guarda il calendario, conta 15 giorni e vai nel bosco. Se hai fortuna, e occhio, torni a casa con la cesta piena di porcini, ovoli, gallinelle, pennenciole, pioppini, pinaroli, gambesecche… Però, come si dice a casa mia, *meglio aver paura che buscarne*: perciò non fidarti e falli sempre vedere a qualcuno più esperto di te perché con le tecniche empiriche non ci si salva dal fungo velenoso!

Non è vero che: l'aglio che diventa nero in cottura, così come l'argento che annerisce, non indica che i funghi sono velenosi: questi poi non sempre puzzano o cambiano colore quando li tagli. L'amanita falloide, per esempio, resta bella ugualmente ma intanto ti uccide.

I funghi sono ottimi nella DIETA perché hanno pochissime calorie. Ma non bisogna abusarne perché sotto sotto contengono sempre qualcosa di tossico… Sono o no, come dicevano gli antichi, *figli del tuono*?

Ideona I porcini piccoli e sodi li puoi servire anche in insalata: affettali sottilmente e condiscili solo con un filo di olio extravergine, un pizzico di sale, una macinata di pepe nero e qualche fogliolina di nepitella. A gusto puoi aggiungere qualche goccia di limone.

7_ Gelato al formaggio

In una ciotola messa sul fuoco a bagnomaria, mescola il parmigiano con la panna e un pizzico di pepe, inizia a montare con le fruste elettriche fino a che non sarà sciolto e spumoso. Passa al setaccio e fai intiepidire. Aggiungi il mascarpone, amalgama bene e metti il composto nella gelatiera. Se non hai la gelatiera metti il composto in una ciotola non di plastica, frulla per 30 secondi e infila nel freezer ripetendo ogni 20 minuti per quattro volte l'operazione delicata ma necessaria di frullarlo per rompere i cristalli che si potrebbero formare. Questo gelato salato va servito con grissini o cialdine di pane sottilissime e tostate.

Genialata In cucina non si inventa niente e al massimo si interpreta qualcosa che già esiste. Il gelato salato per esempio non è una novità di cui siamo debitori dei grandi chef stellati e strombazzati. Questa ricetta gira per le case italiane dagli anni '60, da quando cioè Anna Gosetti della Salda la trascrisse in un suo ricettario di gran successo. La Gosetti, gastronoma con i fiocchi, fu direttrice per diversi lustri de *La Cucina Italiana*, la rivista che ha segnato un'epoca e ha insegnato alle nuove signore italiane ricette e galateo. Puoi servire il *gelato* con cialdine di parmigiano croccanti, frutta secca, una cucchiaiata di composta di cipolle o di *pesto rosso*, del pinzimonio, o fettine di pera... È un comodo apripasto, delizioso e facilissimo da preparare.

Ideona Del **pesto rosso** hai sempre sentito parlare ma non l'hai mai assaggiato? Con un paio di bicchieri d'acqua, metti a bollire 300 g di pomodori secchi e 2 cucchiai di aceto balsamico. Quando saranno diventati morbidi, scolali, asciugali e falli raffreddare. Versali nel robot e aggiungi 1 spicchio d'aglio, 100 g di parmigiano a pezzetti, una manciata di pinoli, un ciuffo di basilico e un peperoncino. Trita, versando a filo l'olio extravergine. Questa cremina sfiziosa si conserva in frigo per una settimana.

Ingredienti 200 g di parmigiano grattugiato, 150 g di mascarpone, 250 ml di panna fresca, pepe di Cayenna.

8__Insalata caprese

Taglia i pomodori a fette, e fai a fette anche la mozzarella che metterai a scolare del siero. A me questa insalata piace fatta perfettina, non buttata là a pezzi, in una pozza di condimento... Monta la tua "caprese" alternando una fetta di pomodoro e una di formaggio, basilico e origano, condisci con olio, sale e una macinata di pepe fresco. Metti in tavola col pane.

Genialata *La cucina italiana è essenzialmente una cucina di prodotto.* Nella preparazione della caprese, questa verità si tocca con mano: o hai pomodori, mozzarella e olio buonissimi, o questo piatto non vale niente. Questa *insalata*, piatto principe dell'estate, ha avuto una fortuna incredibile e dalla Campania è diventata piatto nazionale e internazionale! Eppure è solo un centinaio di anni che il pomodoro è entrato nelle cucine italiane, elemento dirompente e rivoluzionario della cucina italiana dell'Ottocento. Nei ricettari lo si indicava per decorare i piatti di carne lessa, ma non come fondamentale condimento della pasta. Anche a Napoli lo si usava *'n gopp'a lo pesce*, *'n gopp'a la carne*, *li pulle*, *l'ova*, *'n gopp'a nzò che buò* ma mai sulla pasta. Per il pomodoro siamo debitori al Risorgimento: dopo l'impresa dei Mille, i pomodori percorsero trionfalmente tutta la penisola.

Quale pomodoro? Decine sono le qualità saporite e profumate, dal *cuore di bue* al *costoluto fiorentino*, dal *ramato* al *datterino*, il *Napoli*, il *Sardo*, il *Pachino*, il *casalino*... produzioni biologiche ormai coltivate in tutto il Paese. Il pomodoro non si conserva in frigo: ci guadagna in bontà se prima di mangiarlo lo tieni una mezzoretta al sole. Dato il grande contenuto di licopeni e di vitamina C, potassio ecc., il pomodoro è una sorta di mano santa per la prostata: ometti, mangiate molto pomodoro ma non lo sbucciate! *Pomme d'amour*, *love apple*, *Liebesapfel*, *pomo d'oro*: il nostro ortaggio ha **poteri afrodisiaci**? A giudicare dai nomi che gli avevano affibbiato nel resto di Europa parrebbe di sì.

9_Insalata di finocchi & arance

Pulisci i finocchi togliendo la foglia esterna più dura, dividili in quattro per lavarli bene anche dentro: il finocchio è una radice che sta sotto terra quindi occhio! Con la mandolina, o un coltello ben affilato, tagliali a listarelle fine fine e mettili da parte. Lava le arance e, senza sbucciarle, falle a fettine. Le olive nere vanno sbollentate e asciugate. Sistema a tuo piacimento gli ingredienti in una ciotola e condisci con olio, sale e pepe. È un'insalata da prepararsi lì per lì, perché sennò si ammoscia.

Genialata Il finocchio ha la curiosa capacità di far sembrare buono il vino che si beve dopo averlo mangiato crudo… Direi che come apripasto è quindi impagabile! Per contro, il gusto del finocchio non si sposa bene con quello dell'aceto: quando fai un'insalata mista condiscila solo con l'olio.

A noi italiani le insalate piacciono molto, e sempre accompagnano il secondo piatto, quello importante. Alcune più sfiziose hanno preso campo anche negli *antipasti*, per alleggerirli e farci sentire in pace con la coscienza via via che il pranzo va avanti… Questa è una di quelle insalatine invernali tra le più sfiziose: ribadisco l'importanza della stagionalità per la scelta del menu. Già da fine agosto, al mercato, si possono trovare i finocchi precoci.

Finocchio maschio Si riconosce dalla base tonda e il corpo panciuto: è da scegliere perché ha il grumolo più buono, è più dolce e meno fibroso di quello lungo e affusolato, la "femmina", che ha il sapore di sedano selvatico ma che è da preferire se lo vuoi consumare cotto.

Perfetto per la dieta È l'ortaggio meno calorico che ci sia, 9 calorie per 100 g. Per forza, è tutta acqua e fibra! Però fa bene, benissimo perché ha tanta vitamina C, fa digerire ed è indicato alle donne che allattano perché stimola la lattazione e fanno venire due tette grosse così!

Per la serie non si butta via nulla Le barbe del finocchio, verdi, sono perfette per cucinare le *sarde a beccafico* e i pesci in generale.

Ingredienti 2 finocchi maschi, 2 arance tarocco bio, 200 g di olive nere al forno, olio extravergine di oliva, sale e pepe.

10__Mozzarella in carrozza

Taglia la crosta alle fette di pane e dividile in due rettangoli. Per semplificarti la vita (tanto c'è la lavastoviglie!) prepara cinque scodelle: col latte; con la mozzarella tagliata a fettine e fatta scolare; con le uova sbattute; con la farina; col pangrattato. Bagna appena due mezze fette nel latte da ambo i lati, imbottisci di fettine di mozzarella tagliata della misura del pane e, premendo il paninetto formato, passa nella farina solo i bordi. Inzuppalo invece nell'uovo da tutte le parti e passalo nel pangrattato, pressandolo ben bene. Metti a friggere in una padella piena di olio caldissimo, avendo cura di immergere pochi pezzi per volta: fai dorare da tutti i lati. Togli dalla padella, sgocciola bene, spolvera di sale fino e porta immediatamente a tavola perché al primo morso la mozzarella deve filare!

N.B. Puoi usare il fiordilatte, ma essendo più acquoso e meno grasso, mentre friggi è facile che tenderà a uscire dal pane e la frittura risulterà inevitabilmente poco appetitosa.

Genialata **Come si riconosce la mozzarella buona?** Quella di bufala campana, Dop di Paestum, è considerata da tutti la migliore. È prodotta con latte fresco non pastorizzato, ha un colore bianco perlaceo e quando la tagli "piange". È elastica e tenace tanto che quando la mastichi stride sotto i denti e fa un bel rumorino "sguasc sguasc". Dopo averla gustata deve lasciare al palato una bella sensazione grassa.

Se invece la mozzarella è subito morbida e si spappola al taglio, vuol dire che è vecchia, e buona per cucinare.

La **mozzarella**, quella buona, dura un paio di giorni e non va tenuta in frigo. Al massimo la puoi tenere nella parte più alta del frigo e avere l'accortezza, prima di consumarla, di immergerla per qualche minuto, con tutta la sua confezione, in una ciotola di acqua calda. **Costa cara**, il latte di bufala costa tre volte tanto il latte di mucca e per farla ci vuole un sacco di lavoro manuale, quindi…

Ingredienti 1 pane in cassetta, 1 mozzarella di bufala da 250 g, 1/2 litro di latte fresco, 3 uova intere, farina, pangrattato, sale, pepe e olio extravergine di oliva.

11__Panzanella

Fai a pezzettoni il pane e mettilo in un'insalatiera piena di acqua fredda e aceto. Dopo un po' che il pane si sarà inzuppato, strizzalo bene e sbriciolalo nella zuppiera. Lava le verdure, sbuccia quelle che sono da sbucciare e taglia a pezzetti omogenei. La cipolla falla fine fine e usa le mani per mescolare tutto insieme al pane. Condisci con abbondante olio, sale, qualche foglia di basilico e fai riposare, in frigo e sigillata con pellicola, per 10 minuti. Metti in tavola l'oliera e il sale così che ognuno se la condisca come gli piace.

Genialata Non conosco modo migliore per riciclare il pane in estate quando l'orto e i mercati abbondano di ortaggi maturi al punto giusto. Qualche chef stellato ultimamente l'ha promossa da piatto povero a piatto chic, *rivisitandola*... Puah! Come si permettono? Non ce n'è bisogno: la panzanella è un piatto geniale di suo!

L'aceto messo all'inizio, nell'acqua, ti evita di avere la "pozza" del condimento in fondo alla zuppiera.

Ideona Aceto buono. Quando ti rimane del vino, non buttarlo, ma radunalo in un bottiglione, mettici un paio di tortiglioni crudi e tappa con una garza. Dopo un paio di mesi avrai un buon aceto (o almeno sai con cosa è fatto!) che potrai poi aromatizzare come ti pare.

Cetrioli Per renderli digeribili taglia la calotta dove c'è attaccato il picciolo e strusciarlo in maniera circolare sul taglio. Quasi subito si formerà una schiumetta bianca, l'amaro del cetriolo: tagliane un pezzo, buttalo via e inizia a sbucciarlo.

Cipolle Tanti storcono la bocca per la cipolla. Se qualche tuo ospite ha di queste idiosincrasie tu non farai altro che mettere le fettine di cipolla a bagno con acqua e aceto prima di usarle crude.

Se non hai il pane giusto usa le *freselle*: bagnale con un po' di acqua (di mare?) e condiscile come sopra. A Napoli ci aggiungono qualche acciuga dissalata e un pizzico di origano.

Ingredienti 1 kg di pane toscano raffermo, 2 cipolle rosse, 2 cetrioli, 1 kg di pomodori costoluti, un mazzo di basilico, olio extravergine d'oliva, 2 bicchieri di aceto di vino, sale e pepe nero.

12__Paté di fegatini

Lava i fegatini e asciugali con la carta assorbente. Trita la cipolla e, in un tegamino con un filo d'olio, falla rosolare. Quando la cipolla sarà cotta e trasparente, butta nel tegame i fegatini, alza la fiamma e fai colorire ben bene per 5 minuti. Bagnali col vino e fai evaporare. Togli dal fuoco. Con la mezzaluna, o nel mixer se preferisci un risultato più cremoso (o hai poca voglia di sbatterti!), trita finemente i fegatini insieme ai capperi, ben scolati dall'aceto, e all'acciuga. Rimetti il composto nella padella e, aggiungendo un ramaiolo di acqua, fai cuocere per qualche minuto. Assaggia, aggiusta di sale e pepe ed eventualmente metti il pezzettino di burro per rendere lucida la crema e ancora qualche capperino per decorare. Due i modi per servire questo paté: o prepari tu i crostini o metti in tavola, in una bella salsiera e ognuno fa da sé.

N.B. In frigo, ben sigillata con la pellicola, la crema si conserva anche una settimana.

Genialata **Il pane** per questi crostini è senza sale, sciocco come in Toscana. Va bene anche la frusta, lo "stinco", come si chiama in Italia il pane tipo baguette. Due sono le scuole di pensiero: c'è chi il pane lo usa fresco, tagliato a fette e ricoperto di crema e chi, una volta fatto a fette, lo tosta e poi lo bagna col brodo caldo prima di spalmarci su il paté.

Il galateo Gli antipasti sono banditi dalle cene importanti. Ma come si fa con i primi ospiti, quelli che spaccano il minuto, quelli che arrivano all'ora giusta fissata per la cena, senza un bicchiere di prosecco e qualche crostino da sgranocchiare? (Mannaggia, ma un paio di semafori rossi potrebbero trovarli sulla loro strada! Io mi devo vestire e truccare…). **Antipasto**, anteprandium: c'è chi lo fa derivare dal latino **ante**, *davanti*, *prima*, e chi dal greco antico **anti**, *contro*. E tu di che "antipasto" sei? Io? Adoro il latino, da sempre.

Ingredienti 600 g di fegatini, 1 cipolla, 1 cucchiaio di capperi, 20 cm di pasta d'acciughe, un bicchierino di vinsanto, olio extravergine d'oliva, un pezzettino di burro, sale e pepe nero.

13__Piada con la mortadella

Lavora gli ingredienti e fai riposare un'ora, avendo cura di coprire la pasta con un canovaccio. Dividi l'impasto in 8, fanne delle palle che stenderai tonde, 20 cm di diametro, col matterello. Cuoci la piadina nella padella antiaderente ben calda, sui due lati, per qualche minuto. Man mano che cuoce, in superficie si formano delle bolle: con la punta della forchetta bucale, saranno quegli occhietti scuri che punteggiano una piadina cotta a regola d'arte! Non ti resta che piegarla e farcirla, ancora tiepida, con un paio di fette di mortadella tagliata fine fine, e condividerla con qualcuno a cui vuoi molto bene.

Genialata Piada, piadina, sono della stessa famiglia del *pane azzimo*, del *carasau*, del *naan* indiano, della *pita* araba, della *tortilla*: focacce-contenitori senza lievito, dischi di pane che nell'antichità assolvevano la funzione di piatto. Oggi è sulle tavole italiane direttamente dalle fortune balneari della Riviera romagnola, ed è ormai un prodotto artigianale Igp che si vende anche al supermercato. La piada riminese è sottile ed elastica, la piadina romagnola è più grossa; della stessa zona è la *tigella*, che però si cuoce in forno.

Il ripieno migliore Quelli classici, semplici e buoni: prosciutto e rucola, squacquerone e rucola, con lo stracchino e le erbette, il crescione, la bietola. Con una cucchiaiata di crema al cioccolato diventa anche un dolcino goloso.

La mortadella Detta *Bologna* o *mortazza*, alla romana, è un cilindrone rosa, di carne suina, punteggiata da bianchi lardelli e verdi pistacchi che può arrivare a pesare 100 chili! Ci si fanno merende mitiche. Se vedi scritto sull'etichetta strani simboli non allarmarti: "S" vuol dire che è fatta con solo suino; "SB" suino e bovino; "SE" suino ed equino; "SO" suino e ovino; "EB" equino e bovino. Se è Igp, è fatta solo con carne di maiale italiano ed è anche ricca di potassio, sodio e fosforo... Allora fa diventare anche intelligenti? Forse no, ma tanto felici sì!

Ingredienti 500 g di strutto, 75 g di strutto, 200 g di acqua, 2 g di bicarbonato, sale fino; 200 g di Mortadella di Bologna.

14_Pinzimonio

Lava e taglia a spicchi, bastoncini, pezzetti tutte le verdure di stagione e sistemale in un vassoio.

Prepara delle piccole ciotole nelle quali metterai del buon olio extravergine, il sale e il pepe, così ognuno intingerà le sue verdurine preferite.

Genialata È difficile trovare di meglio senza cucinare un bel cavolo di niente! Le verdure, se non hai un orto, comprale almeno biologiche. **Il grande olio italiano**, dal Nord al Sud l'Italia non ha rivali nel mondo:

L'olio del *Garda*, il più nordico, Dop, delicato, è adatto a insalate, carpacci, piatti con verdure e pesci. Altro Dop, l'olio della *Riviera ligure*: dolce, giallo, non copre mai il sapore dei piatti. Ideale per ricette leggere, verdure e pesce. Insuperabile nel pesto. L'*olio toscano Igp*, dal gusto marcatamente fruttato, è squisito su tutto, dalla fettunta alla bistecca, dalla ribollita al pinzimonio… L'*Umbria Dop* è intensamente fruttato, piccante, perfetto su zuppe e minestre, legumi e cereali, carni e formaggi. Nel *Lazio* si trova l'ulivo più vecchio d'Europa. Gusto forte, piccante, di un bel verde, si abbina ottimamente a carpacci, legumi, carni alla griglia e pesce di lago e di mare. L'olio della *Puglia* è vario, almeno undici tipi, per tutti i gusti e tutti i piatti. In *Sicilia* decine di tipi di olii speciali… scegliere è difficile! Dal gusto fruttato, ha un profumo piccante erbaceo, si sposa con pesce crudo, insalate e verdure cotte.

Non costa troppo Se costa poco vuol dire che è adulterato. Non bisogna risparmiare. Compralo da un oliandolo affidabile. Quando è fatto come Dio comanda (a freddo e senza interventi della chimica) è più buono e contiene molti più polifenoli – antiossidanti indispensabili per la nostra salute – di qualsiasi altro cibo. È una farmacia ambulante… Eppoi si dice: aggiungete *un filo d'olio*, non un quintale.

I nemici Luce, calore, aria. L'olio, al contrario del vino, non migliora invecchiando.

Ingredienti Cuori di sedano, finocchi, carciofi, ravanelli, cipollotti, carote, sedano rapa, cimette di cavolfiore… olio extravergine di oliva, sale e pepe nero.

15___Pizza margherita

In una ciotola versa la farina con il lievito in granuli e aggiungi acqua, olio e sale. Impasta con un mestolo e poi continua con le mani per una decina di minuti, fino a che non sarà bella morbida. Coperta con un panno, fai riposare la pasta per 10 minuti, poi lavorala di nuovo e chiudila in una ciotola unta d'olio e tieni in frigo per 24 ore. Tira fuori la pasta un po' prima di stenderla, *obbligatoriamente* con le dita e direttamente nella teglia unta d'olio. Condisci con qualche cucchiaiata di pomodoro, olio, origano e inforna a 250° in funzione statica. Una volta infornato abbassa a 230°. Dopo 10 minuti aggiungi la mozzarella, l'odore del parmigiano e cuoci per 5 minuti.

Genialata "Pizza" e "ciao" sono le parole italiane più conosciute nel mondo. La pizza, cibo democratico per antonomasia, è anche il simbolo del *mangiare italiano* anche se quella che ha globalizzato il gusto del mondo è l'idea che se ne sono fatta gli americani, la famigerata Pizza Hut (sic!). Diciamola tutta, una pizza buona come si mangia in tante pizzerie d'Italia, a casa non si può fare, *ma*, *però*, *se*… Per stendere la pasta usa solo le mani, il matterello toglierebbe tutta l'aria della lievitazione e la pizza, dopo la cottura, assomiglierebbe molto al cartone. Compra una pietra refrattaria alta 2,5 cm e larga quanto il forno e sistemala dentro, in basso. Fai scaldare il forno per 30 minuti prima di appoggiarci la pizza da cuocere. Condimenti? Infiniti. Se la pizza ha vinto nel mondo è proprio perché ognuno poi se la fa come più gli piace. Ma io voglio dimenticare le nefandezze perpetrate in suo nome…

Bye bye posate Allontanano il godimento! Il Galateo permette di mangiare la pizza con le mani, ma tu ricorda che il sugo della pizza ha un debole per le cravatte e le camicette pulite.

Ingredienti 1 kg di farina, 7 g di lievito di birra, 20 g di zucchero di canna, 800 g di acqua, 15 g di sale, 70 g di olio, 24 ore di riposo; *condimento*: pomodori pelati San Marzano, mozzarella di bufala, parmigiano grattugiato, un pizzico di origano, olio extravergine, sale fino.

16_Supplì e olive

Supplì Metti sul fuoco 600 ml di acqua salata e fai cuocere il riso al dente. Scolalo, stendilo su un vassoio e, finché è ancora tiepido, condiscilo con parmigiano e uovo. Prendi una porzione di riso e modella i supplì in una forma tondeggiante. Col dito crea un vuoto e farcisci con mozzarella a cubetti e un cucchiaio di sugo. Sbatti 2 uova, passaci i supplì e poi rotolali nel pangrattato.

Friggi in abbondante olio caldo rigirandoli con cautela affinché non si rompano; metti a scolare l'unto e servili subito con un pizzico di sale.

Olive Trita gli odori e fai rosolare con l'olio, metti un pizzico di sale e un paio di foglie di salvia. Aggiungi le carni tagliate, alza la fiamma e sfuma col vino. Fai cuocere brevemente. Passa tutto nel mixer e versa in una terrina con le olive tritate. Mescola e aggiungi parmigiano, uova e l'odore di noce moscata. Aiutandoti con due cucchiaini forma le "olive", passale nella farina, nell'uovo sbattuto e nel pangrattato. Fagli il "cappotto" e ripeti l'operazione. Friggile in abbondante olio caldo, metti a scolare su carta assorbente, spolvera di sale fino e porta in tavola!

Genialata supplì È un **arancino** "alla romana", il che dimostra che quando una cosa è buona e giusta non esistono confini! Qualcuno dice che derivi da "surprise!" l'esclamazione francese che, all'epoca dell'occupazione di Roma, i soldati di Napoleone emettevano ad ogni morso di queste "pallottole" (vedi, roba da soldati…).

Bianco o rosso? Al telefono? A dargli il nome è il filo di mozzarella bollente che si crea quando si addenta e si divide il supplì.

Snocciolaolive Strumento che in questa "rivisitazione" facilitata delle *olive ascolane*, puoi lasciare nel cassetto.

Ingredienti *Per i supplì*: 250 g di riso semifino, 3 uova, 80 g di parmigiano, 30 g di burro, una mozzarella, una tazza di ragù, pangrattato, olio di arachide, sale; *per le olive*: 400 g di olive verdi denocciolate, 300 g tra pollo, maiale, manzo, 100 g di parmigiano, 4 uova bio, odori (carota, sedano, cipolla), pangrattato qb, vino bianco secco, noce moscata, farina 00, olio extra vergine, sale e pepe nero.

17_ Timballone di pane

Per prima cosa accendi il forno a 180°. Ungi bene una teglia con il burro e rivesti il fondo con le fette di pancarrè che coprirai di prosciutto e fette di scamorza. Fai un secondo strato con i tre ingredienti e per ultimo uno strato di solo pane. Intanto, in una ciotola, sbatti brevemente le uova con latte, sale, pepe e versale sul pane. Fai riposare 10 minuti e poi passa in forno caldo a 180° per 15 minuti o finché la superficie non diventa colorita e croccante. Tira fuori dal forno e fai riposare qualche minuto prima di tagliare il timballo a piccoli dadi che, sistemati a piramide su un vassoio, servirai belli caldi. Sono buoni anche tiepidi.

Genialata È un piatto unico senza tempo, una merenda bella e buona che trova appassionati di tutte le età! Se preferisci, al posto della scamorza, puoi usare la mozzarella che fila di più ed è più divertente!

È in pratica un *tramezzinone* caldo, un *sandwich* in elegante e colta versione italiana, visto che fu *nientepopodimenoche* Gabriele D'Annunzio, il nostro Vate, a inventarsi questo nome per un semplice panino imbottito.

Ideona Invece di farne uno grande, prendi delle tegliette e fallo monoporzione: così non c'è da litigare per il formaggio filante che tutti vogliono rubarsi e che straborda di qua e di là quando si taglia.

Il pane in cassetta, quello buono, fatto in un forno come si deve, è abbastanza costoso. Vuoi provare a farlo da te? Ecco la ricettina facile facile: nel bicchiere del robot metti 500 g di farina, 10 g di zucchero, il sale, 60 g di burro e un cubetto di lievito di birra. Aggiungi 300 ml di latte tiepido e dagli il via! Tira fuori l'impasto, fanne una palla e mettilo a lievitare avvolto stretto nella pellicola per un paio di ore. Lavora brevemente il composto, rimettilo in uno stampo da plumcake imburrato, spennellalo con il tuorlo d'uovo e lascialo lievitare ancora per 40 minuti e inforna a 190° per altri 40.

Ingredienti Due confezioni di pane in cassetta al latte senza crosta, 200 g di prosciutto cotto, una scamorza fresca, 4 uova, 1 tazza di latte fresco, sale e pepe nero.

18__Verdure miste grigliate

Lava, pulisci e taglia le verdure a fette nel senso della lunghezza. I pomodorini lasciali interi come i peperoncini. Metti sul fuoco la griglia di ghisa, falla arroventare bene e poi, senza nessun condimento, griglia per qualche minuto le fette da tutte e due le parti e sistemale in una terrina. Prepara un'emulsione con olio, un filo d'aceto, sale, pepe, aglio a pezzi, prezzemolo e condisci tutto. Lascia insaporire una mezz'ora e servi in tavola.

Genialata Piatto estivo di grande resa e poca spesa: con queste dosi porti in tavola un vassoione pieno di verdure squisite.

Attenzione a non far troppo sbruciacchiare le verdure, perché se le carbonizzi diventano amare e sono anche cancerogene. È un contorno ideale a carni arrosto o alla griglia.

Ideona Perché non grigli anche un paio di belle scamorze, magari affumicate? Avrai un piatto unico aggiungendo solo del buon pane.

Il peperone ha solo un difetto: è difficile da digerire. Prima di grigliarlo lo puoi spellare adoperando un comune pelapatate e togliere i filamenti bianchi e i semi, così risolvi il problema. *Rosso*, *verde* e *giallo*, è solo una questione cromatica? Rosso e giallo sì, verde no. In questo caso il colore indica che il peperone è stato colto immaturo. Quando lo scegli deve avere una buccia liscia e brillante col picciolo verde ben attaccato, con la polpa bella croccante e non deve essere deforme.

Puoi trasformare il piatto in un secondo leggero e goloso: barda le fette di verdura, tagliate per l'occasione più spesse e messe in una teglia da forno, con un composto di carne macinata, condita con erbette e spezie, un pizzico d'aglio, noce moscata, un uovo per legare e sopra pangrattato e grana mescolato e olio. Da cuocere in forno, 180° per 40 minuti, durante i quali non devi nemmeno star lì a rigirarle.

Ingredienti 2 zucchine, 1 melanzana, 1 peperone rosso, 1 peperone giallo, peperoncini verdi, radicchio di Treviso, pomodorini Piccadilly o di Pachino, cipollotti ecc… olio extravergine di oliva, aceto balsamico, sale e pepe.

19__Brodetto di pesce

Metti sul fuoco una casseruola con l'olio, la cipolla tritata, l'aglio, il prezzemolo e il peperoncino: quando tutto è imbiondito aggiungi il concentrato e i pesci interi che avrai sbuzzato e pulito dalle squame. Fai sobbollire un quarto d'ora e poi passa al "passatutto" montato con i fori piccini, aiutandoti via via con un po' di brodo vegetale. Lascia da parte qualche polpina intera e cicciotta da mettere a decorazione finale.

A questo punto servi il brodetto nella scodella, bello denso, accompagnato da un paio di croccanti grissini. Se invece ti piace più brodoso, ci cuoci una pastina fine, tagliatelline o bavettine oppure, ancora, lo servi con una manciata di dadini di pane casalingo arrostito in forno con un filo d'olio e un pizzico di pepe nero…

Genialata Meglio sarebbe dire *brodetti*, viste le tante forme e varianti del piatto più famoso delle coste adriatiche.

Da Trieste a Vasto si cucinano ricette per tutti i gusti: c'è quello friulano, quello di Grado, di Chioggia, del Polesine, di Ravenna, di Fano, di Ancona; più a sud si chiama *zuppa di pesce*. Cambiando mare, non cambi zuppa: in Sardegna si chiama *cassòla*, tipica di Cagliari.

Stagionalità Anche i pesci hanno la loro stagione! Al mercato lasciati guidare dall'offerta, nessun tipo di pesce è insostituibile! Usa lo scorfano o il ghiozzo, la seppia, il calamaro, il pesce lucerna, la tracina, la triglia, la passera, la volpina, la canocchia, il muggine, il granchio… E il san Pietro, il totano, il cappone, le arselle… Si può fare il brodetto anche con *una* sola qualità di pesce, ma certo che bisogna proprio avere poca fantasia!

Ingredienti 1/2 kg di pesce da zuppa, 1 spicchio d'aglio, prezzemolo, 1 peperoncino, concentrato di pomodoro; *brodo vegetale*: 1 cipolla, 2 carote, 2 coste di sedano; olio extravergine d'oliva, sale e pepe nero.

20_Bucatini all'amatriciana

Pulisci il guanciale dalla cotenna e dal pepe che lo conserva; taglialo a fette e poi a dadini e mettilo a rosolare in una padella con un filo d'olio e il peperoncino.

Unisci il pomodoro e lascia cuocere 10 minuti mescolando di tanto in tanto.

Memento salis: non aggiungere il sale!

Intanto fai cuocere la pasta bene al dente, in abbondante acqua salata, scolala e condisci direttamente nella padella.

Osa e porta la padella direttamente in tavola per fare i piatti, arricchendo ogni scodella con una cucchiaiata di sugo extra, una spolverata di pecorino grattugiato e una macinata di pepe nero.

Genialata Piatto *de Roma* che trovi fatto bene anche nelle peggiori hostarie della Città Eterna. Ne fanno una questione di principio: si sono accapigliati per decenni, ma ora lo sanno tutti che ci vuole il *guanciale* e non la *pancetta*…

Roma caput mundi: città aperta, che accoglie tutti. Questo è un piatto "geografico", che porta nel nome la sua origine, Amatrice. È entrato a far parte della *Trinità* della pastasciutta romana, *Amatriciana, Carbonara, Cacio & Pepe*, una Trinità saporita e piena di sugo che ha conquistato il mondo.

Ideona La *Gricia*, la madre di tutte le matriciane, usa solo guanciale e pecorino e niente pomodoro. È la ricetta arcaica, in bianco, nata prima che una cascata di pomodoro, a fine '800, alluvionasse tanti piatti della cucina italiana.

La pasta al dente Esiste la cottura perfetta? Sì, pochi i gesti virtuosi da mettere in atto: tanta acqua, (1 litro ogni etto di pasta e 10 g di sale grosso impedirà che l'amido la faccia diventare collosa) in forte ebollizione (il calore deve raggiungere il cuore della pasta nel più breve tempo possibile) e l'uso del *coperchio* per far riprendere subito il bollore; un'occhiata all'orologio e comunque assaggiare, sempre!

Ingredienti 500 g di bucatini, 150 g di guanciale, 1 barattolo (400 g) di pomodorini di collina, 80 g di pecorino, 1 peperoncino, olio extravergine di oliva, sale marino grosso, pepe nero.

21__Cacciucco

Cuoci al vapore, per 10 minuti, il polpo e le seppie fatti a pezzetti e tienili da parte.

Sfiletta i pesci, o meglio, fatteli sfilettare dal pescivendolo, facendoti però mettere nella busta anche i resti. Con le teste e le lische metti su un brodino in una pentola, con 2 litri d'acqua fredda e 2 bicchieri di vino e fai bollire. Con una ramina schiuma quello che, via via, viene a galla. Non aggiungere sale!

Per fare questo cacciucco, molto veloce, si parte dal pomodoro che metterai sul fuoco con l'olio e un paio di foglie di salvia. Intanto con la mezzaluna fai un tritino di aglio e peperoncino e distribuiscilo sul pomodoro. Quando il sughetto arriva a soffriggere, versaci una tazza del brodino bollente nel quale hai sciolto il concentrato. Fai ritirare e, quando il sugo denso ribolle, aggiungi i filetti del pesce fatti a tocchetti, tutti piccoli e uguali. Poi i crostacei, le cozze, e un pizzico di sale e pepe. Da ultimo polpo e seppie.

N.B. Il pesce non va mai rigirato, il brodo deve stargli sempre sotto e la cottura deve essere minima. Cuoci per un totale di 7-8 minuti. Servilo nella maniera consueta, tostando le fette di pane, strusciate appena appena con l'aglio e sopra a tutto un filo d'olio e… un bel bicchierone di vino rosso!

Genialata Questo è il piatto principe della fantasia livornese e tutti i pesci di mare, anche da pochi soldi ma freschi e belli pieni, vanno bene: Luciano Zazzeri, super cuoco di Bibbona, docet.

Ma il cacciucco è di Livorno o di Viareggio? Ma che te ne frega? Tutto il mondo è paese e in ogni porto del Mediterraneo c'è una ricetta simile con qualche variante: *brodetto, zarzuela, caldeirara, bouillabaisse*… L'importante è che alla fine sia un equilibrato guazzabuglio di pesce.

Ingredienti 3 kg di pesce tra scorfani, pesce cappone, gallinelle, rana pescatrice, polpo, seppie, moscardini, cicale, qualche cozza; 2 spicchi d'aglio, 1 peperoncino, un paio di pomodori maturi (se non è stagione, 3 pomodori pelati), un cucchiaio di concentrato di pomodoro, 2 bicchieri di vino bianco secco, un paio di foglie di salvia, olio extravergine di oliva, sale marino e pepe nero.

22_Cacio & pepe

Per prima cosa metti sul fuoco una pentola per fare 2 litri di brodo vegetale.

Sistema una noce di burro in un tegame basso, unisci due ramaiolo di brodo e butta la pasta cruda e, via via, mescolandola, aggiungi altro brodo solo quando il precedente sarà asciugato. Portala a cottura e, quando sarà al dente, aggiungi il formaggio grattugiato, ancora un poco di brodino per mantecare bene e parecchio pepe colorato macinato lì per lì.

Genialata Questo piatto fa parte della *Trinità culinaria romana* che cola sugo e colesterolo ma è talmente buona che ha conquistato i palati di tutto il mondo! A Roma, in verità, così ci cucinano volentieri anche i *tonnarelli*, una pasta fresca a sezione quadrata, tipo spaghetti *alla chitarra*.

Questo modo, alternativo, di cuocere la pasta di grano duro lo chiamo **Risottato**, perché si segue in pratica la stessa modalità di quando si cucina un risotto. Mi piace cuocere la pasta, lunga o corta, nel sugo: me l'ha insegnato la Tina, un'amica napoletana che assicura che la sua nonna, e la bisnonna, la facevano così proprio per non buttare via niente, nemmeno l'amido…

Pecorino Quello *romano* ha un aroma caratteristico perché è prodotto col latte delle pecore allevate allo stato brado sui pascoli naturali laziali, sardi e grossetani. Scegli quello stagionato 8 mesi e grattugialo lì per lì.

Ideona Anni fa, ho mangiato, al tavolo di un cuoco famoso, i *ravioli cacio e pepe*, una vera leccornia, dove in pratica il condimento diventava il ripieno di raviolini sottilissimi conditi solo con un velo di ottimo burro, una spolverata di formaggio e una macinatina di pepe… Una metonimia gastronomica riuscitissima, bravo chef Fulvio Pierangelini!

Ingredienti 400 g di pasta (tubetti, maccheroncini, mezze maniche), 200 g di pecorino romano da grattare, pepe nero e pepe creolo; odori per brodo vegetale: porro, cipolla, carota, sedano, alloro, prezzemolo, pepe colorato, 2 chiodi di garofano; burro qb.

23_Canederli

Sbriciola il pane e sistemalo in una terrina.

Taglia a cubetti lo speck e aggiungilo al pane con il prezzemolo.

A parte, sbatti le uova con il latte e aggiungilo al pane.

In un tegame, con un po' di burro, fai rosolare dolcemente la cipolla tritata e uniscila, con la farina, al resto. Mescola bene con le mani, aggiungendo sale e pepe e l'odore di noce moscata. Forma delle pallottole della misura che preferisci, ma ti consiglio di fare una "prova tenuta" e buttarne uno solo nel brodo per vedere se regge.

Quando sobbolle fai scivolare le pallottole nel brodo: in genere ci vogliono 15 minuti per cuocerle, a seconda del diametro dei canederli. Servili nella scodella, con un romaiolo di brodo bollente, che però non deve essere quello dove li hai cotti…

Genialata È un modo meraviglioso di recuperare il pane vecchio. Sono mosse, quelle del recupero degli alimenti, che in Italia, finché siamo stati una società con i piedi per terra, erano generalizzate, e in tutte le regioni infatti si trovano ricette così. Magari prima si facevano col pane di segale, oggi invece si usa quello comune, bianco. La crisi odierna ha riportato in voga certe ricette del recupero? E allora ben venga la crisi.

Knödel È uno gnoccone saporito fatto con speck (aggiunta ricca), cipolla, erbette, prodotti dell'orto e un paio di uova di gallina per tenerli insieme. Si mangia e si beve, perché il brodo finale è corroborante, molto ricco e saporito.

Piatto di confine delle zone alpine abitate da genti di origine germanica, è uno gnocco versatile: si fa di tutte le misure, si può condire con burro e salvia o con ragù corposi, o mangiare come contorno a piatti di carne e farlo dolce, con prugne secche e cannella.

Ingredienti 500 g di mollica di pane raffermo, 1/4 di latte intero, 200 g di speck, 4 uova, 100 g di farina, una cipolla, una noce di burro, sale e pepe, noce moscata, prezzemolo; brodo di gallina.

24__Cannelloni

La pasta all'uovo, quella fresca, serve per preparare le pappardelle, i mal-fatti, i maccheroni, le tagliatelle, i tortelli e tortellini, i ravioli, i quadrucci per la minestra, la pasta per le lasagne...

Sulla spianatoia sistema la farina a fontana, fai il cratere nel mezzo e ci scocci le uova. Inizia a sbatterle con una forchetta, tipo frittata, e mentre mescoli fai cadere po' di farina dal cratere. Lascia la forchetta, comincia a lavorare con le mani e, per almeno per una decina di minuti lavorala/strizzala/sbattila/ripiegala/massaggiala fino a che non si appiccicherà più alle mani né prenderà più la farina con la quale infarinerai la spianatoia. Fanne una palla e lasciala riposare un'oretta sotto un canovaccio.

Tirala col mattarello, o la macchinetta, e tagliala come più ti piace.

Per il *ripieno* fai rosolare la carne fatta a pezzettini insieme alla salsiccia e passala al tritatutto con la mortadella, il prosciutto, il formaggio, la ricotta, un cucchiaio di pangrattato, le uova, e un pizzico di noce moscata.

Intanto taglia la pasta a rettangolini 10x15 cm, sbollentane pochi per volta per 2 minuti. Distendili su un canovaccio e inizia a farcire mettendo una riga di ripieno nella parte lunga e arrotola per fare il cannellone. Sistemali in una teglia e condisci con la salsa e abbondante parmigiano. In forno a 180° per 20 minuti.

Genialata *La pàsta bèin mnèda, l'è mèza tirèda*, "la pasta ben lavorata è mezza tirata", cioè sei a metà del lavoro. Non è difficile, le famiglie non sono più numerose come una volta e con un paio di etti di farina, e un po' di olio di gomito, te la cavi. Ma poi, non ci siamo riempiti le cucine di una miriade di elettrodomestici che frullano, tritano e impastano? E allora usiamoli!

Ideona Per riempire i tuoi cannelloni "verdi", puoi usare il composto degli *gnudi* (vd. scheda 32).

Ingredienti Per la pasta all'uovo: 5_0 g di farina 00, 5 uova, un pizzico di sale; per il ripieno: 200 g di lombo di maiale, una fetta di mortadella da 150 g, una di prosciutto da 150 g, 100 g di parmigiano grattato, 100 g di ricotta, 1 salsiccia, pangrattato fresco, 2 uova bio cat. 0, sale e pepe, noce moscata, olio extravergine; salsa di pomodoro e ancora parmigiano.

25_Carbonara

Metti sul fuoco una pentola di acqua con un po' di sale, ma meno del solito perché il condimento di questo piatto è molto saporito! Butta gli spaghetti.

Intanto taglia a striscioline il guanciale e rosolalo con un filo d'olio in una padella fino a che il grasso non si è sciolto ed è diventato trasparente.

Nella zuppiera di servizio, sbatti le uova con i formaggi e una bella macinata di pepe.

Scola la pasta al dente e ripassala nella padella con il guanciale. Versa tutto nella zuppiera e rimesta velocemente affinché le uova formino una bella cremina e non si straccino.

Una macinata di pepe, un po' di formaggio e il piatto è pronto!

Genialata Piatto della *Trinità culinaria romana*: insieme a *Cacio & pepe* e *Amatriciana* formano il dogma incrollabile delle trattorie della Città Eterna. Diatribe senza fine sull'origine e sugli ingredienti, con punte polemiche che sfidano il tifo calcistico… Tutti d'accordo solo sul fatto che non bisogna usare il *bacon* cioè la pancetta affumicata. Poi, peccati veniali, c'è chi usa solo il pecorino e non lo mescola al parmigiano; chi usa il lardo e non l'olio, chi solo il tuorlo, chi ci aggiunge un po' di panna o ancora chi, col guanciale, ci mette anche uno spicchio d'aglio. Insomma, cucina che vai *Carbonara* che trovi!

I colori del pepe Oggi sembra incredibile che per il pepe si siano mossi per secoli eserciti e imperi!

Ma il pepe non è tutto uguale: quello *nero*, dall'aroma forte e pungente, è ottenuto dalle bacche colte non mature e messe a essiccare al sole; quello *bianco*, dal profumo meno pronunciato, è la stessa bacca colta matura, privata della buccia e messa a macerare e poi essiccata; quello *verde* e *rosa* sono altre bacche, meno pungenti del pepe vero e proprio, tanto che si possono usare anche intere per aromatizzare e dar colore alle vivande.

Ingredienti 500 g di spaghetti, 150 g di guanciale, 3 uova, 3 cucchiai di parmigiano e 3 di pecorino grattugiati, olio extravergine di oliva, pepe, sale grosso.

26__Ciceri e tria

Metti sul fuoco la pentola dei ceci con l'acqua fredda e tutti gli odori, un pizzico di sale e un filo d'olio. Fai cuocere per un paio d'ore e tieni il brodo bollente.

A questo punto, poni sul fuoco un'altra pentola con acqua salata e, quando bolle, butta 300 g di pasta che avrai spezzato con le mani. Cuocila solo per metà tempo, poi scolala e continua la sua cottura nel brodo dei ceci. Assaggia, aggiusta di sale e pepe e levala dal fuoco.

Prendi una padellina, scalda l'olio e poi i 50 g di tagliatelle rimaste crude, rompile tutte a pezzettini e falle friggere. Cambieranno velocemente colore, diventando marroni: le userai come decorazione croccante e colorata quando avrai versato la minestra nelle scodelle, col solito filo d'olio e pizzico di pepe nero.

Genialata Piatto salentino, familiare, della cucina povera. Ma questa non è *la solita* minestra, è roba genuina, è piatto della memoria: è la *pasta e ceci*, patrimonio del Centro Sud. Ricetta nutriente e completa, che associa cereali e legumi, amidi e proteine, è il contrappasso meridionale alla *pasta e fagioli* del Nord.

Ma cos'è questa crisi Con la crisi economica certi piatti, per fortuna, son tornati a far capolino sulle nostre tavole perché sono un approdo sicuro, bombe proteiche che, complici le nuove mode vegane e vegetariane, ci ricordano come si mangiava meglio quando... si spendeva meno! È la filosofia della *dieta mediterranea* che rivaluta, come simboli alimentari, ricette snobbate al tempo delle vacche grasse del miracolo economico perché puzzavano di povertà.

Oggi, con l'idea di una "decrescita felice", della voglia di abolire il troppo e il di più dalla nostra vita, certi piatti sono la quadratura del cerchio... semplici, costano poco e fanno bene. E la nostra bisnonna sarebbe felice. Cosa volere di più?

Ingredienti 300 g di ceci ammollati, 1 cipolla, 1 carota, 1 costa di sedano, 2 foglie di alloro; olio extravergine di oliva, sale e pepe nero; 300 g di tagliatelle di grano duro (+ 50 g).

27___Cous cous

La prima cosa da fare è un buglione di verdura: lava e taglia a pezzetti omogenei le verdure e saltale con l'olio in una padella, tutte insieme. Aggiungi una tazza di acqua calda e fai cuocere un quarto d'ora, mescolando di tanto in tanto. Gli ultimi 10 minuti, unisci il peperoncino, i ceci ben sciacquati e le spezie. Assaggia e aggiusta di sale e pepe.

Intanto metti sul fuoco 750 ml di acqua con un pizzico di sale e due cucchiaiate di olio. Fai bollire, spengi, versaci il cuscus, chiudi con un coperchio e fai riposare 10 minuti. Riaccendi il fuoco, aggiungi un filo d'olio e con una forchetta sgrana i chicchi facendoli tostare e asciugare.

Prendi un vassoio da portata, rovesciaci il cous cous e sopra, a condire, la verdura con l'intingolo bello brodoso.

Genialata Il cous cous è il jolly della cucina. Lo puoi condire con tutto quello che la fantasia e la gola ti suggeriscono: carne, pesce, verdura, frutta, dolce... In Sicilia, a San Vito lo Capo in provincia di Trapani, esiste un festival popolare dedicato al cous cous, dove il semplice piatto con i suoi profumi, colori e sapori garantisce la passione per lo scambio culturale e l'integrazione avvenuta sulle tavole delle sponde del Mediterraneo.

Sfato l'idea che il cous cous, o il cuscus o cuscussu o couscouss, non sia *anche* un piatto italiano.

Nel 1891, Pellegrino Artusi nel suo *La scienza in cucina e l'Arte di mangiar bene* (che ti consiglio di leggere, è tradotto in tutte le lingue), gli dedica la ricetta n. 46 e lo riporta come minestra degli ebrei italiani, "grazie a due israeliti che ebbero la gentilezza di farmelo assaggiare..." descrivendo però ben due pagine di "impazzamento" per cucinarlo! Per forza, poveretto, non aveva mica a disposizione quello *precotto* come noi!

Ingredienti 500 g di cous cous integrale precotto, verdure varie di stagione: 1 peperone, 2 zucchine, 1 melanzana, 1 cipolla, 2 patate, 1 barattolo di ceci, spezie da cous cous, un pizzico di semi di cumino, 1 peperoncino, sale e pepe nero, olio extravergine di oliva.

28__Crema di zucca e porri

Pulisci, lava le verdure e falle a pezzi: del porro usa solo la parte bianca. Metti a bollire un paio di litri di acqua, aggiungi una presa di sale, versa le verdure e fai cuocere per 30-40 minuti. Col minipimer frulla tutto ben bene fino a che non avrai ottenuto una crema fluida. Assaggia e aggiusta di sale, aggiungi un filo d'olio, il pepe e le foglioline di timo.

Intanto tosta in forno un po' di cubetti di pane conditi con olio sale e pepe, che servirai con la crema quando la porterai in tavola, calda o fredda è sempre squisita. La puoi offrire anche con radicchio rosso o verza crudi, tagliati a filini.

Genialata Il porro sta tra l'aglio e la cipolla, ma è molto più buono e delicato e si mangia anche crudo nelle insalate.

Puoi conservarlo *sott'aceto*: è speciale per accompagnare i bolliti. Scegli dei porri piccoli e sottili, puliscili e sbollentali in acqua e sale; scolati, sistemali nei barattoli, ricoprili con aceto bollente, un paio di chiodi di garofano e qualche bacca di pepe creolo e chiudi.

Ideona I semi di zucca me li chiami *bruscolini*? Ma se apportano all'organismo proteine, vitamine, minerali e preziosi oli! Non buttarli.

Sono facili da preparare: li fai bollire 10 minuti in acqua e sale e poi li passi in forno a seccare. Ottimi da sgranocchiare al cinema.

Con la zucca, grazie a Cristoforo Colombo, puoi riempire un intero menu, dall'antipasto al dessert, tanto la sua polpa è dolce e profumata quando è matura. Lo sanno bene in Lombardia, in Veneto e in Sicilia, dove c'è ancora la tradizione di cucinarla. Tonde, lunghe, larghe, a turbante, globose, sovrappeso (come la Mammoth, 100 chili!), con pelle liscia e sottile, o bitorzoluta e spessa, arancioni o grigio-verdi, come la Marina di Chioggia – la migliore in assoluto.

Si conserva a lungo. Certo, sempre se all'improvviso non devi trasformarla in carrozza come Cenerentola... *Salagadula, megicabula, bibbidi-bobbidi-bu*!

Ingredienti 1 kg di zucca , 2 porri, 2 patate, timo, parmigiano, olio extravergine di oliva, sale e pepe, pane qb.

29_Farro condito

Per prima cosa prepara i pomodori: tagliali in due, togli i semi e l'acqua di vegetazione, sistemali in una teglia foderata di cartaforno e condiscili con abbondante timo, qualche pizzico di sale grosso e un filo d'olio. Accendi il forno a 140° e lasciali ad appassire un'oretta.

Metti sul fuoco un pentolone d'acqua: quando sta per bollire, aggiungi una manciata di sale grosso poi, quando invece l'acqua bolle, versa il farro, rimescola e lascialo cuocere.

Dopo 15 minuti butta nella pentola i fagiolini che avrai lavato e pulito.

Scola il farro, allargalo in una teglia e fallo raffreddare. Intanto prepara col minipimer una salsetta frullando olio e basilico.

Quando si avvicina il momento di mangiare, condisci il farro con l'olio al basilico, le mandorle tritate e i pomodorini. Sistema in una bella zuppierona e decora con qualche foglia di basilico e un generoso filo d'olio.

Genialata *Il farro lo mangiavano gli Egizi, gli Etruschi e i Romani…* Cereale robustissimo, vigoroso e resistente al freddo e ai parassiti, a un certo punto, però, ce lo siamo dimenticato. Solo in Toscana, in Garfagnana, ostinati, non hanno mai smesso di coltivarlo e hanno avuto ragione perché il farro Igp è ritornato prepotentemente di moda. È versatile: i suoi grandi chicchi, dal sapore inconfondibile, hanno ammaliato chef e gastronomi di grido e ormai si vende dappertutto, anche al supermercato.

Quale acquistare? Dipende dalla ricetta e dal tempo che hai: *integrale* (con ammollo e cottura lunga, asciutto), *semiperlato* (più morbido, per insalate e minestre), *decorticato* (per me il migliore, mantiene più fibre, pretende l'ammollo di una notte), *perlato* (minor tempo di cottura, ma minor valore nutritivo) o *spezzato*… La morte sua? Cotto insieme ai fagioli e condito con un filo d'olio e pepe nero. E fallo il farro!

Ingredienti 500 g di farro perlato, 500 g di pomodorini, 1 spicchio d'aglio, 2 cucchiai di parmigiano e 2 di pecorino grattugiati, 300 g di fagiolini, un mazzo di basilico, timo, una manciata di mandorle sbucciate e tritate, 1/2 bicchiere di olio extravergine d'oliva, sale (fino e grosso) e pepe.

30__Fettuccine con radicchio e speck

Pulisci il radicchio e mettilo a bagno; sciacqualo e scuotilo dall'acqua in eccesso. Con un coltello taglialo a striscioline.

Intanto, in una padella capiente, fai rosolare con l'olio gli scalogni affettati, unisci il radicchio e saltalo velocemente, ché deve rimanere croccante.

Aggiungi lo speck fatto a filini e, dopo qualche istante, un po' di panna per fare il sughetto cremoso.

Nel frattempo avrai cotto la pasta al dente: scolata, mantecala ben bene nella padella, che raccolga così tutto il sugo; mettila nelle scodelle e spolvera di parmigiano e pepe.

Genialata *Il radicchio, se lo guardi egli è un sorriso, se lo mangi è un paradiso.* Crudo o cotto è sempre buono, col suo sapore inconfondibile, misto di amaro e dolce. In Italia poi ne hanno fatto un culto, soprattutto nel Nord Est, hanno lavorato su incroci, si sono sbattuti per creare nuovi cultivar con metodi geniali. Lo fanno precoce e tardivo così che, in vendita, lo trovi sempre. C'è quello di *Treviso*, *Verona*, *Chioggia* o di *Castelfranco*, di *Bassano*… Ognuno con i suoi colori, le sue nuance, proprio come le rose! Non è solo bello, è anche buono e giusto, una vera e propria farmacia bio: *potassio, fosforo, sodio, ferro, magnesio, manganese, rame, calcio, vitamine* a gogò, *aminoacidi* e piccole quantità di *protidi* e *lipidi* e via e via. E il bello è che per averlo non hai nemmeno bisogno della ricetta del dottore…

Ideona Un po' di radicchio stufato, oltre che come contorno, è perfetto per il ripieno di ravioli, per la farcia di una torta, magari abbinato a un formaggio dolce. Mettilo sulla griglia e condiscilo con olio, sale, pepe e aceto balsamico, quello vero. E siccome è povero anche di calorie, ma ricco di sostanze amare, ti aiuta nelle diete e depura il fegato. Ok, convinta: da domani in cucina solo radicchio.

Ingredienti 2 cespi di radicchio rosso, 200 g di speck, 2 scalogni, 1 bicchiere di panna, parmigiano, sale e pepe, olio extravergine di oliva, 400 g di tagliatelle all'uovo.

31___Gnocchi di patate

Le patate, lavate e non sbucciate, in genere vanno messe a lessare in una pentola con l'acqua. Ma si possono anche cuocere nel forno a 180° per 40 minuti: chiaro che così non assorbono acqua, il che per la nostra ricetta è molto meglio.

Comunque sia, vanno sbucciate bollenti e subito passate nello schiacciapatate per formare la classica "fontana" sulla spianatoia. Ora puoi anche aspettare che siano tiepide prima di proseguire ed evitare di ustionarti… Aggiungi la farina, la maizena, del sale e il tuorlo d'uovo: la chiara non si mette perché sennò gli gnocchi vengono duri.

Lavora l'impasto con le mani e quando le patate avranno assorbito le farine (lo capisci perché non ti si attaccherà più alle mani), sempre con la spianatoia infarinata ricava, rotolando sotto i palmi, tocchi d'impasto, dei "sigari" del diametro di circa 2 cm, e lunghi al massimo una ventina, che taglierai a pezzetti di 2 cm. Aiutati con ancora un po' di farina per non farli attaccare fra di loro e, categorico, ripassa ogni gnocco pigiandolo un poco sul retro dei rebbi di una forchetta: serve a rendere più ruvida la superficie e di conseguenza a condirli meglio. Fai bollire abbondante acqua salata. Prendi burro e gorgonzola e, fatti a pezzetti, mettili sul fondo della zuppiera che posizionerai sulla pentola affinché il calore del bagnomaria sciolga i formaggi delicatamente. Quando bolle l'acqua butta gli gnocchi un po' per volta e dopo che sono venuti a galla aspetta un minutino prima di scolarli. Versali via via nella zuppiera dei formaggi, rigirandoli con molta delicatezza.

Una macinata di pepe nero, una spolverata di parmigiano e gli gnocchi "alla bava" sono pronti.

Genialata La patata è l'abracadabra della cucina, ma solo da 200 anni. Ma come hanno fatto a vivere senza patata fino al 1800? E senza le patate fritte, e gli gnocchi, il purè, le patate lesse, il gateau e il gratin? Boh!

Ingredienti 1,5 kg di patate, 150 g di farina 00, 150 g di maizena, un tuorlo d'uovo; burro qb, 200 g di gorgonzola dolce, 100 g di parmigiano, sale e pepe nero.

32__Gnudi

Pulisci e lava bietole e spinaci. Scottali qualche minuto in un dito di acqua bollente, scolali e falli intiepidire. Prendili a manciate, strizzali dall'acqua ben bene e con la mezzaluna tritali. Versa le erbe in una ciotola, aggiungi la ricotta, le uova, un pizzico di sale, il formaggio grattugiato e un nonnulla di noce moscata. Mescola ben bene e metti da parte.

Sistema sul fuoco un pentolone d'acqua e, quando bolle, aggiungi una presa di sale. Aiutandoti con un cucchiaio da minestra, usato come dosatore, col composto di ricotta ed erbe, fai delle pallette grosse come una noce, che delicatamente infarinerai, e subito getta nell'acqua. Appena tornano a galla, con la ramina tirali su e sistemali in una zuppiera poco profonda, quella che porterai in tavola, e condisci via via con fiocchi di burro, foglie di salvia spezzettate e una spolverata di formaggio. Sono ottimi anche conditi con una salsa di pomodoro profumata al basilico.

Genialata Questo è anche il ripieno dei *tortelli maremmani* e dei *ravioli*. *Gnudi* perché "nudi": questo piatto è davvero una genialata, ottimo anche per chi tiene alla linea, perché ti dà tutto il godimento di un primo piatto senza il bisogno della pasta!

Ricetta *fast*? Usa le verdure congelate, sono buonissime e vanno bene lo stesso. Magari ce ne vorranno un po' di più.

Ricotta Di vacca o di pecora? A piacere, a gusto. Se le calorie sono quasi le stesse, cambia la quantità di calcio e fosforo (quasi il doppio in quella di vacca), mentre la quantità di vitamina A è doppia in quella di pecora.

Anche in questo caso, se è prodotta con latte di qualità e biologico, è più buona in primavera, quando gli animali vanno al pascolo e brucano erbette nuove e profumate.

Ingredienti 500 g di bietole, 500 g di spinaci, 800 g di ricotta di pecora, 6 uova bio, 100 g di parmigiano grattugiato, farina, sale e pepe nero, noce moscata; 125 g di burro, una decina di foglie di salvia.

33___Lasagne

Fai la *besciamella sprint*: in un pentolino sciogli l'amido di mais nel latte freddo, metti sul fuoco con un pizzico di sale, l'odore di noce moscata e il burro; gira di continuo con un mestolo fino a che la besciamella non si rassoda: basteranno 2 minuti.

Togli la pelle alla salsiccia, sbriciolala e mettila a sgrassare sul fuoco in una padella.

Fatto desurgelare i funghi, saltali in padella con l'olio, un niente di aglio e mentuccia.

I funghi secchi invece mettili in una tazza con l'acqua bollente e lasciali in infusione per 10 minuti dopodiché, strizzati, tritali con la mezzaluna e aggiungili ai funghi della padella. Rimetti sul fuoco con un po' della loro acquetta filtrata, la passata e il concentrato.

Intanto lessa velocemente un foglio di pasta per volta, immergendolo per 30 secondi nell'acqua bollente salata e un filo d'olio. Poi con una ramina tiralo fuori e, passato in una ciotola con l'acqua fredda, scolalo e distendilo su un panno pulito ad asciugare.

Prendi una teglia da forno, quella che porterai in tavola, imburrala e coprine il fondo con un primo strato di pasta, un velo di besciamella, poi un paio di cucchiaiate di sugo ai funghi, uno strato di salsiccia e una bella spolverata di parmigiano. E ancora besciamella.

Fai 4-5 strati e termina con la besciamella e il parmigiano.

Metti in forno a 200° per mezz'ora e, in ultimo, dagli una botta di grill: sforna, 5 minuti di riposo e in tavola.

Genialata *La lasagna*, o *le lasagne*, sono il piatto del pranzo della domenica della famiglia italiana: piatto versatile, le puoi condire **con tutto** mescolato alla besciamella: basta stufare carciofi, broccoli, radicchio, o ragù di carne, di pesce, e via, condire a strati… È la crosticina croccante e sbruciacchiata a renderlo perfetto.

Ingredienti 1 pacco di sfoglia fresca per lasagne, besciamella (1/2 l di latte, 30 g di amido di mais, sale, noce moscata, una noce di burro), 200 g di parmigiano grattugiato, 10 salsicce di maiale fresche, 1 tubetto di concentrato, 400 g di passata di pomodoro, 500 g di funghi surgelati misti, 20 g di funghi porcini secchi, 1 spicchio d'aglio, 1 rametto di mentuccia.

34__Linguine con le vongole

Prima di tutto metti le vongole a bagno in acqua corrente a spurgare per un'oretta; sciaquettale e muovile via via. Poi metti un pentolone d'acqua salata sui fornelli per cuocere la pasta.

Le vongole, una volta scolate, passale in una padella capiente sul fuoco e, coperte, falle aprire per 5 minuti.

Tolte dal fuoco con una ramina mettile in una zuppiera. L'acquina di cottura che avranno fatto filtrala delicatamente e tienila da parte. Belle calde puliscine 3/4 e butta i gusci. Le altre tienile per decorare i piatti. Chiaramente devi buttare via le vongole chiuse, che sono morte o piene di sabbia.

Sciacqua la padella, asciugala e rimettila sul fuoco con l'olio, l'aglio vestito e schiacciato, il peperoncino e tutte le vongole. Sfuma col vino bianco dealcolizzato, aggiungi l'acquina di cottura delle vongole e spengi.

Scola la pasta al dente, ripassala velocemente in padella col sughetto e, in ultimo, aggiungi il prezzemolo tritato e un pizzico di pepe nero.

Genialata Le vongole veraci o lupini? Non è solo questione di misure, ma di sapore. C'è chi dice che più sono piccine e più sono saporite e chi invece le vuole più cicciotte e grassocce e sceglie le *veraci*. Bisogna che siano vive: se sono socchiuse e le tocchi, i gusci si devono saldare. Come tutti i molluschi non sono facilmente digeribili, hanno pochi grassi ma sono ricche di colesterolo. Certo, se uno pensa a quanto scarto c'è, mi sa che possiamo stare tranquilli e mangiarci il nostro piatto di pasta con le vongole senza sensi di colpa…

Il vino Per evitare la punta di acido che inevitabilmente il vino lascia se aggiunto in cottura (tanto che c'è chi aggiunge una punta di zucchero, sic!), ecco un barbatrucco, usalo *dealcolizzato*: basta che tu lo faccia bollire per 10 minuti e il gioco è fatto.

Ingredienti 1 kg di vongole veraci fresche, 1 spicchio d'aglio, 1 mazzetto di prezzemolo, 1 peperoncino fresco, 1/2 bicchiere di vino bianco secco, olio extravergine, sale e pepe.

35__Orecchiette con i broccoli

Metti sul fuoco una pentola con abbondante acqua e, poco prima che bolla, versa un pugnello di sale grosso.

Intanto lava e monda il gambo del broccolo dalla buccia dura, taglialo a pezzettini e fai a ciuffetti le cimette e tutto in pentola quando l'acqua bolle.

Prendi una casseruola, versaci 6 cucchiaiate di olio e metti sul fuoco per pochi minuti a rosolare con l'aglio vestito e schiacciato.

Quando il broccolo sarà cotto, ci vorranno circa 8 minuti, tira su dall'acqua la verdura e trasferiscila nella casseruola con l'aglio. Rimetti sul fuoco e fai asciugare, schiacciando le parti di gambo del broccolo per creare una cremina verde. Aggiungi il peperoncino tagliato a filini e spengi.

Nella stessa acqua dei broccoli, che avrà ripreso il bollore, butta la pasta e cuocila a seconda delle istruzioni sulla busta.

Scolala ben bene ricordandoti sempre di tenere da parte una tazza di acqua bollente che ti potrebbe servire nel caso la pasta condita risultasse asciutta. Ripassala nel tegame con i broccoli, una spadellata veloce con l'aggiunta di un filo d'olio e porta in tavola.

Genialata Questo piatto è il ritratto della Puglia, del suo Tavoliere, dove si producono olio, ortaggi e tanto grano duro per pasta artigianale e pane magnifico: un nome per tutti, Altamura. Qua, omologazione e globalizzazione sono parole che non fanno breccia; qua, hanno battuto, e fatto scappare a gambe levate a forza di focacce, perfino il colosso McDonald's. Davide contro Golia? Sì, cucina vera contro fuffa. E i piatti pugliesi ormai nel mondo sono sulla bocca di tutti…

Il segreto La pasta, cotta nell'acqua dove ha cotto la verdura, diviene piena d'aroma e di gusto e colore.

La ricetta originaria prevede l'aggiunta di un paio di acciughe salate e l'eliminazione del formaggio… a te la scelta.

Ingredienti 500 g di orecchiette, 1.5 kg di broccolo verde (o di cime di rapa), 2 spicchi d'aglio, 1 peperoncino fresco rosso 100 g di parmigiano e pecorino, sale grosso, olio extravergine di oliva.

36___Passata di ceci & gamberi

Il giorno prima metti a bagno i ceci.

Cambia l'acqua e mettili sul fuoco, dolcissimo, per 2-3 ore con un pizzico di sale, aglio, salvia e, tassativo, un bel filo d'olio che li renderà vellutati.

Col frullatore a immersione fai una crema, aggiusta di sale e pepe e, se risulta troppo liquida, rimetti sul fuoco.

Nel frattempo pulisci i gamberi, facendo attenzione a togliere il filino nero che hanno sul dorso e, fatti saltare in padella per un minuto con un filo d'olio, servili sulla vellutata con una foglia di salvia, un pizzico di semi di papavero, una generosa macinata di pepe nero e… un filo d'olio!

N.B. Questo piatto l'ha inventato lo chef Fulvio Pierangelini; copiatissimo, ha conquistato il mondo.

Genialata Per la serie dei *gesti virtuosi*, l'ammollo dei ceci è roba seria! Prendi i ceci, piccini e rosa, mettili in una zuppiera e copri con un canovaccio. Ricopri di cenere di ulivo e versa acqua tiepida fino a riempire la zuppiera. Il giorno dopo togli lo straccio pieno di cenere, sciacqua bene bene i ceci e cuocili come di consueto in acqua salata, olio, salvia e aglio.

Ideona Se all'improvviso ti scappa di mangiare la *passata*, niente paura: apri un paio di scatolette, sciacqua bene e poi segui la ricetta dal punto "mettili sul fuoco…". Non avrà lo stesso sapore, ma insomma le scatolette sono state inventate apposta per venirci in soccorso nei momenti difficili e chi si accontenta, si sa, gode.

I gamberi Rossi, freschi, sono l'oro del mare e costano una fortuna. Ma spesso sono una truffa: te li spacciano per freschi e invece poi sono scongelati… Io allora compro quelli ufficialmente pescati e immediatamente congelati a bordo del peschereccio a -50°. Sono buonissimi, organoletticamente perfetti e costano un decimo.

Ingredienti 500 g di ceci secchi, 1 spicchio d'aglio, 2 foglie di salvia, 20 gamberi, olio extravergine, sale e pepe nero, sem. di papavero.

37___Pasta con i peperoni

Soffriggi brevemente, con l'olio, i cipollotti e l'aglio tritati.

Lava e taglia i pomodori, con un pelapatate sbuccia i peperoni e falli a pezzetti, lasciandone qualcuno per decorare il piatto. Sfuma con l'aceto, aggiusta di sale, cuoci per 10 minuti e poi frulla tutto e fai raffreddare.

Cuoci la pasta: io ho scelto le ruote che sono belle quando sono condite con una salsa colorata come questa. Scolata, condiscila con un filo d'olio e mettila distesa in una teglia a raffreddare. Ah, per freddo intendo temperatura ambiente, non frigo!

Fai a filini il peperone crudo, le erbette e trita finemente olive, mandorle e pistacchi.

Quando la pasta si è raffreddata condiscila col pesto rosso e tutto il tritino. Aggiungi le mozzarelle intere, qualche rametto di timo, un filo d'olio e servi immediatamente.

Un'idea? Sistema la pasta nei barattoli della marmellata e porta in tavola.

Genialata Se noi italiani non possiamo fare a meno della pastasciutta nemmeno d'estate, quando ci sono 40°, questa è la pasta perfetta, proprio perché si mangia fredda. Bisogna intendersi però: la pasta va cotta lì per lì, il sugo deve essere freddo, ma la pasta appena condita non deve aspettare sennò piglia quel certo non so che di stantìo…

Pasta di grano duro Basta con la dittatura di spaghetti e penne! In commercio esistono diverse centinaia di formati di pasta con nomi bellissimi. Quando si dice la ricchezza della cucina italiana e la forza, il lavoro di imprenditori magnifici che tengono viva una tradizione! E proprio con la pasta fredda si assiste alla rivincita delle paste dimenticate, ritenute indegne dei grandi sughi: *la barbina, le ballerine, i boccolotti e chifferi, conchiglioni, fagottini, festonati, farfalle, gnocchetti, lumaconi, ondine, pappardelle, racchette, radiatori, regina, tortiglioni, tripoline, tubetti e ziti….* e provale!

Ingredienti 500 g di pasta corta, 2 peperoni rossi, 300 g di pomodori maturi, 3 cipollotti, 1 spicchio d'aglio, 2 cucchiai di aceto, 300 g di mozzarelline, olive taggiasche denocciolate, un mazzetto di basilico, un mazzetto di timo, 1 manciata di pistacchi sgusciati, 1 manciata di mandorle con la pelle, olio extravergine, sale fino.

38_Pasta col tonno

Cuoci la pasta, al dente come sempre, tenendo da parte, al momento che la scoli, una tazza di acqua di cottura.

Nel frattempo che la pasta cuoce fai il sughetto: schiaccia gli spicchi di aglio e mettili in una padella capiente a rosolare con un paio di cucchiaiate di olio. Apri il tonno, scolalo bene dall'olio di conserva, aggiungilo nel tegame e con una forchetta sbriciolalo e sfumalo col vino.

Fai evaporare e leva dal fuoco, non senza aggiungere l'ultimo tocco: buccia grattugiata di limone, poco, e una manciata di prezzemolo tritato. Scola la pasta, condiscila nell'intingolo di tonno, aggiungi un pizzico di pepe e porta in tavola.

Genialata Questa è la ricetta *passe-partout* degli italiani, la prima che si impara a cucinare da ragazzi perché è semplice, costa poco e viene squisita sempre: è davvero difficile sbagliare la pasta col tonno!

C'è tonno e tonno Sull'etichetta la parola *tonno* non vuol dire nulla, è generico e dentro ci possono essere pezzi di specie diverse di pesci predatori: la *specie* va precisata. Guai se c'è scritto il *glutammato E621*, vuol dire che la qualità del tonno non è eccelsa… Ci deve essere scritto *lavorato fresco*: solo allora è stato pescato, cotto e lavorato subito, sennò, prima della lavorazione, è stato congelato e lavorato in un secondo momento. Poi deve essere compatto e messo sotto l'olio extravergine di oliva, che, se viene usato, sicuramente il produttore te lo fa notare…

In passato, il tonno conservato, così come le acciughe sotto sale e il baccalà, ha permesso a tanti italiani *di continente* di mangiare il pesce senza nemmeno aver mai visto il mare!

Ingredienti 500 g di pasta di grano duro (farfalle), 300 g di tonno sott'olio, 2 spicchi d'aglio, 1/2 bicchiere di vino bianco secco, 1 limone bio, prezzemolo, erba cipollina, sale e pepe nero.

39__Pasta con le melanzane

Per levare l'amaro e il piccante alle melanzane, tagliale a fette larghe un dito, sistemale dentro un colino e coprile con una manciata di sale grosso: fai scolare la loro acquetta per un'ora.

Sciacqua e asciuga le melanzane, tagliale a dadini e saltale in una padella con olio, aglio e peperoncino. Aggiungi i pomodorini tagliati a metà e fai tirare bene il sugo rimescolando via via. Scola dall'olio le olive e, con la mezzaluna, tritale insieme ai capperi sciacquati, i pinoli, le erbette e aggiungi tutto al sugo.

La terza melanzana falla a fette, friggila in abbondante olio e mettila sulla carta assorbente a scolare.

Metti sul fuoco la pentola con acqua e sale e cuoci la pasta al dente come di consueto. Scola la pasta e saltala nella padella del sugo. Servila con qualche fetta di melanzana fritta e una cascata di ricotta grattugiata.

Genialata Le melanzane sono di stagione solo d'estate. E allora perché mangiarle tutto l'anno? Non c'è gusto ad avere sempre tutto a disposizione e non avere nulla da desiderare! Al momento giusto trovi anche altre varietà che non le solite, ovvie, lunghe e viola! E sono anche più buone perché sono maturate al sole del Meridione d'Italia: sceglile bio, belle sode, piccole e con pochi semi, centinaia di piatti meravigliosi ti aspettano.

Ideona. **Melanzana-dipendente?** Allora ti conviene congelarle e mangiartele d'inverno. Inizia a comprarle bio, se poi a Natale le vorrai friggere, tagliale a fettine regolari, scottale a vapore per 5 minuti, mettile a freddare in acqua e limone e asciugale bene. Congelale in freezer distese sui vassoi in un solo strato, e poi mettile nei sacchetti.

Ingredienti 500 g di pasta (mezze maniche), 3 melanzane, 20 pomodorini, 100 g di olive taggiasche denocciolate, 1 spicchio di aglio, una manciata di capperi sotto sale, 20 g di pinoli, olio extravergine, sale e pepe, 100 g di ricotta salata, un mazzetto di basilico, origano e timo fresco, 1 peperoncino, sale grosso.

40__Pasta e fagioli

Metti i fagioli per una notte intera a bagno in acqua tiepida con uno spicchio d'aglio e qualche grano di pepe nero. Al mattino elimina quelli che sono venuti a galla.

Sbuccia la cipolla e l'aglio e tritali nel mixer. Versa un filo d'olio in una pentola (magari una pentola a pressione così dimezzi i tempi di cottura, tanto qui non c'è da rigirare un bel niente) e metti il tritino a rosolare, a fiamma bassissima.

Aggiungi il pomodoro, i fagioli, le cotiche, l'alloro, le patate – sbucciate e intere –, il sale, il pepe e copri tutto con del brodo vegetale caldo. Chiudi il coperchio e fai cuocere un'ora, abbassando il gas quando il tappo comincia a fischiare.

Spengi, fai uscire la pressione e apri il coperchio. Tira fuori le patate, frullale e rimettile nella pentola. Assaggia e aggiusta di sale. Puoi cuocerci spaghetti rotti, la pasta dei frati (rimasugli vari della dispensa), paternostri, riso, orzo. Un filo d'olio a crudo, una macinata di pepe nero e a tavola. Buonissima anche fredda, anzi…

Genialata Cannellini, di Lamon, borlotti, coco nano, toscanelli, zolfini, di Sorana, di Controne, di Sarconi, di Cuneo… per questa minestra va bene qualsiasi fagiolo, tanto sono davvero tutti buoni.

Phaseolus vulgaris solo di nome e non di fatto: da quando sono stati importati dalle Americhe, anche se hanno puzzato sempre di "povero" e qualcuno ancora li schifa (povero lui!), hanno salvato intere generazioni dalla fame e dalla malnutrizione: sono un alimento completo, una bomba di proteine che ha fatto sì che la popolazione europea raddoppiasse in pochi secoli. Che siano davvero afrodisiaci?

Ideona Quando cuoci i fagioli aggiungi un pezzetto di *alga kombu* già nell'ammollo: migliora l'assorbimento delle fitoproteine.

Ingredienti 500 g di fagioli cannellini secchi, 500 g di patate, 1 cipolla bianca, 1 spicchio d'aglio, 2 cotiche di prosciutto, 3 foglie di alloro, 1 tazza di passata di pomodoro, brodo vegetale, olio extravergine, sale e pepe nero in grani, 250 g di pasta.

41_Pizzoccheri

Metti sul fuoco una pentola con abbondante acqua salata.

Pulisci la verza, scartando le foglie più dure, e tagliala tutta a listarelle; sbuccia e fai a tocchetti le patate. Appena bolle l'acqua butta le verdure e, quando le patate saran cotte, i pizzoccheri.

Intanto, in un tegamino, fai colorire una noce di burro con qualche spicchio d'aglio vestito e le foglie di salvia. Taglia il bitto fresco a fettine sottilissime.

Scola pasta e verdure, versane la metà nella zuppiera e condisci metà burro e salvia, metà fettine di bitto e una generosa manciata di bitto stagionato. Aggiungi l'altra pasta, il resto dei condimenti e una bella macinata di pepe nero. Tappa la zuppiera col suo coperchio perché, prima di essere servita, la preparazione deve riposare qualche minuto per permettere ai formaggi di sciogliersi e amalgamarsi al resto. Nell'attesa stappa una bottiglia di rosso della Valtellina Superiore…

Genialata Bitto formaggio perenne. Dietro questo piatto c'è lavoro e fatica: il Bitto è oggi simbolo di una produzione sostenibile, che tutela la biodiversità e le piccole produzioni artigianali legate alla storia e al territorio.

Il mitico formaggio, grazie ai *guerrieri del Bitto storico* si fa ancora come mille, o duemila anni fa ed è l'oro degli alpeggi, l'oro delle Orobie della Valtellina, invecchiato anche 20 anni e battuto perfino in aste mondiali.

Una buona *fontina* però, accontentandosi, può essere usata al posto del più prezioso Bitto, tanto sempre della Valtellina è!

Ideona Se hai voglia di farti i *pizzoccheri*, fettucce grossolane dal colore e sapore inconfondibile, mescola 400 g di grano saraceno con 100 g di farina 00 e con tanta acqua qb. Falle seccare bene e fanne scorta.

Ingredienti 500 g di pizzoccheri (di grano saraceno), 200 g di bitto della Valle del Bitto non troppo stagionato, 70 g di bitto ben stagionato, 500 g di verza, 500 g di patate a pasta gialla, un paio di spicchi di aglio, un ciuffo di salvia, 100 g di burro, sale e pepe nero.

42__Polentata

Se hai tempo da dedicare a questo piatto, metti sul fuoco l'acqua salata e, prima che bolla, versa pian piano la polenta e gira, gira, gira per 45 minuti. Se invece hai fretta, compra la polenta precotta, ce ne sono di buone in vendita, e in 8 minuti è pronta! Certo non sarà uguale, ma dovendosi arrangiare... meglio di nulla!

Prepara il *sugo*: trita la cipolla e falla stufare con l'olio fino a quando non sarà trasparente. Aggiungi pomodori, concentrato e una tazza di acqua e fai ritirare per una ventina di minuti a fuoco allegro. Intanto taglia a pezzi le salsicce e sbollentale pochi minuti in un tegamino con l'acqua affinché perdano un po' del loro grasso. Uniscile al sugo di pomodoro, assaggia e aggiusta di sale e pepe.

Prendi un vassoio, bagnalo con l'acqua e versaci la polenta. Ricopri col sugo e porta in tavola con il pecorino grattugiato a parte.

Genialata La polenta, versata in una teglia con bordi alti e fatta freddare in frigo, coperta con la pellicola, regge anche 4 giorni. A questo punto la puoi condire e scaldare in forno con sughi, verdure, formaggi o anche solo con un filo d'olio e una manciata di parmigiano...

Il mais è stata la pianta che Cristoforo Colombo riportò al ritorno dal suo primo viaggio: aveva l'occhio lungo il nostro viaggiatore... Una delle prime rivoluzioni alimentari, che hanno allontanato lo spettro della fame dalle tavole degli italiani, l'ha attuata proprio il *mais* in compagnia di *fagioli*, *tacchini*, *peperoni*, *pomodori* e *patate*... Un'epifania culinaria senza precedenti targata America, che dovette però superare molte resistenze prima di arrivare a trionfare nelle cucine italiane.

Sei celiaco? Il granturco non contiene glutine e quindi lo puoi usare senza problemi.

Ingredienti 500 g di farina di granturco *Maranello*, 1,8 l di acqua, sale grosso; 1 cipolla bianca, 1 barattolo di pelati, 1 tubetto di concentrato di pomodoro, 4 salsicce fresche, pecorino stagionato, olio extravergine d'oliva, sale e pepe.

43_Pomodori col riso

Lava i pomodori e taglia la calotta con un coltello affilato: per non sbagliare metti il "coperchio" giusto vicino al "suo" pomodoro. Aiutandoti con le dita, svuota ben bene i pomodori dall'acquetta di vegetazione e dai semi, ma non buttarla via: passala al setaccio o al passaverdura con i buchi piccoli. Con questo sughetto condisci il riso crudo che avrai messo in una ciotola. Fai un tritino con uno spicchio d'aglio, il prezzemolo e il basilico e uniscilo al riso con un filo d'olio, sale e pepe. Mescola tutto e riempi i pomodori che hai appoggiato dentro una teglia da forno.

Rimetti la calotta, pulisci e fai a spicchi le patate. Con queste riempi gli spazi tra i pomodori, irrorale con un filo d'olio, due cucchiaiate di vino e un pizzico di sale e pepe.

Passa in forno a 170° per 30 minuti e a 200° per gli ultimi 10 così da dargli una botta di colore.

Sono buoni tiepidi ma soprattutto freddi. Quindi è meglio se li cucini il giorno prima...

Genialata Piatto estivo per eccellenza, basta accendere il forno la notte e il gioco è fatto. Magari, visto che ci sei, fanne di più perché è piatto unico, da pic-nic, da cene in piedi, da buffet, da pranzo in famiglia, da improvviso attacco di fame notturno... Equilibrato e squisito: ma perché, le cose buone devono per forza fare ingrassare? E non usare quei pomodori olandesi tutti uguali e perfetti come fatti in fabbrica! Vai al mercato e prendi dei bei pomodori bio e maturati al sole d'Italia.

Crudo o cotto? Due le scuole di pensiero, ma il riso va usato crudo, categorico. Perfetto un *superfino*, *Carnaroli* o *Baldo*, chicchi grossi, sgranati, che tengono bene la cottura e assorbono meravigliosamente i condimenti.

Ingredienti 6 pomodori ramati maturi, grandi e della stessa misura, 10 cucchiai di riso Carnaroli, 6 patate bianche, **1** spicchio d'aglio, un ciuffo di basilico e di prezzemolo, 2 ciuffetti di timo o 2 foglie di mentuccia, sale e pepe nero, olio extravergine di oliva, vino bianco qb.

44__Ravioli

Per preparare il *ripieno*, dividi le melanzane per lungo, incidi la polpa con la punta di un coltello e condiscile con un filo d'olio, timo, sale, pepe e mettile in forno, a 160° per un'oretta.

Poi recupera la polpa e, in una terrina, mescolala con lo stracchino, il parmigiano e un pizzico di noce moscata e metti da parte.

Per la pasta vedi i *cannelloni* alla scheda 24.

Col matterello tirala a strisce larghe 10 cm, sottili, e via via metti il ripieno a cucchiaiate ben distanziate, al centro della striscia di pasta; ripiega la pasta sopra il ripieno e con le dita, premendo, togli l'aria da ogni raviolo e taglia con la rotella. Coi rebbi della forchetta premi giro giro sul bordo dei ravioli per chiuderli meglio e fargli le ondine.

Cuocili in acqua salata, scolali con cura con una ramina, e condiscili delicatamente nel piatto di portata con la salsa di pomodoro e una spolverata di formaggio pecorino.

Genialata *Ravioli, tortelli, tortelloni, agnolotti, casonsei, anolini*: ogni regione d'Italia ha il proprio nome e il proprio ripieno (carne, ortaggi, erbette, pesci, crostacei, formaggi, salumi ecc., ecc…) per questo piatto in cui puoi dignitosamente riciclare gli avanzi! Io credo che sia proprio questo il motivo per cui la nostra pasta fresca ripiena ha conquistato il mondo. Burro e formaggio: il condimento per ogni occasione!

Ideona Puoi quindi riempire questi ravioli in tanti altri modi, sostituendo le melanzane con: i carciofi (appena ripassati nel tegame con olio e aglio), le patate, le seppie, calamari o baccalà, gamberi, radicchio, formaggi vari, ricotta e spinaci, pere e amaretti, carni cotte… lo stracchino però ci sta sempre bene, con tutto!

Ingredienti 200 g di semola, 200 g di farina 00, 6 uova, un pizzico di sale; 4 melanzane, 200 g di stracchino, 100 g di parmigiano e 50 g di pecorino, noce moscata, timo fresco, sale e pepe nero; salsa di pomodoro.

45__Ribollita

I fagioli vanno messi a mollo tutta una notte in acqua tiepida e, il giorno dopo, scolati e lessati un paio d'ore a fuoco bassissimo, senza sale e con uno spicchio d'aglio.

Lava e taglia grossolanamente sedano, cipolla, carote, prendi la pentola a pressione, versaci un filo d'olio e fai soffriggere gli odori appena. Aggiungi il concentrato, il cavolo tagliato fine, le patate a tocchi, le altre verdure e fai stufare 10 minuti, sempre mescolando. Aggiungi il brodo dove hanno cotto i fagioli, frullane metà e mettici anche quelli, più un pugnello di sale e le foglioline di pepolino. Chiudi il coperchio e cuoci 40 minuti da quando fischia. Se usi una pentola normale ti ci vuole il doppio del tempo. Assaggia e aggiusta di sale.

Ora hai diverse opzioni: mangia questo minestrone così com'è (anche freddo è squisito) con l'aggiunta sempre del resto dei fagioli lessi interi, oppure ci puoi cuocere i *paternoster* o il riso o, ancora meglio, puoi farci la *zuppa*, col pane… Affetta il pane, tipo ostia e, in un bel tegamone di coccio, alterna a più strati pane, fagioli lessi, il minestrone e un pizzico di pepe nero. Copri e fai riposare per una mezz'ora o più.

Ultima opzione, la rimetti nel tegame, sul fuoco allegro per 10 minuti e, sempre quando sarà diventata cremosa e il pane spappolato, ecco che ti ritrovi la *ribollita* – minestra bollita due volte… Semplice no? 1 ricetta? 5 piatti.

Genialata Ricetta per tutte le stagioni: minestra di magro, zuppa di verdura, zuppa di pane, minestrone, minestra di pane. Molti nomi per la madre di tutte le *ribollite*, piatto toscano ormai famoso e sulla bocca di tutti…

Ingredienti 500 g di fagioli cannellini secchi, 2 mazzi di cavolo nero, mezza verza, 3 patate, 3 carote, 2 cipolle, qualche costola di sedano, 1 mazzo di bietola, 2 zucchine, una manciata di piselli, un paio di pomodori maturi, 2 cucchiai di concentrato di pomodoro, un bicchiere d'olio extravergine d'oliva, sale grosso, pepe nero, pepolino; 500 g di pane sciocco.

46_Risotto alla milanese

Metti la pentola del brodo vegetale sul fuoco, aggiungi il sale grosso e fai bollire.

Intanto nel tegame fai rosolare dolcemente la cipolla tritata con il burro e l'olio: poco, ché devono ungere il chicco ma non annegarlo! Appena diviene trasparente levala dal fuoco e, con una ramina, togli la cipolla e mettila da parte.

Nello stesso tegame versa ora il riso, assolutamente non lavato, alza il fuoco e tostalo velocemente, girandolo, fino a farlo diventare traslucido. Sfuma col vino, fai evaporare per un paio di minuti e aggiungi un ramaiolo di brodo bollente* e gli stigmi di zafferano. Aggiungi via via il brodo solo quando si è consumato e nel frattempo rimescola a fondo col cucchiaio di legno.

Assaggia e togli dal fuoco quando il riso è cotto; manteca un minuto mentre aggiungi il formaggio. Servi subito.

Il risotto perfetto In Italia i lombardi hanno insegnato a tutti a mangiare e cuocere il riso: la cipolla deve solo "sudare" nel grasso, per aromatizzare il piatto, quindi fuoco tenue; il riso invece deve tostare a fiamma vivace, è fondamentale, si tempra. L'aggiunta del vino dona una botta di sapore. Il brodo vegetale, salato al punto giusto (infatti non si usa altro sale, si userà il formaggio!), deve essere bollente, perché una diminuzione di temperatura trasformerebbe il tuo risotto in un pappone… Anche il rimestare va misurato: girati continuamente, i chicchi si spappolano. Certo, se però usi Carnaroli, Vialone Nano, Maratelli o Arborio sei più sicuro!

*Fino all'asterisco questa è la ricetta-base, la madre di tutti i risotti! Le *varianti*, innumerevoli, basterà aggiungerle a questo punto: zucca, zucchine, carciofi, asparagi, radicchio, erbe o spezie…

Ingredienti 500 g di riso Vialone Nano o Carnaroli, 1 cipolla bianca, 50 g di burro, olio extravergine di oliva, un pizzico di stigmi di zafferano (è oro!), 1 bicchiere di vino bianco dealcolizzato, 1,5 l di brodo vegetale (1 cipolla, 1 carota, 1 costola di sedano), 100 g di parmigiano grattugiato, sale grosso, pepe nero.

47___Risotto allo scoglio

Per prima cosa metti una pentola d'acqua e sale con i soliti odori per crearti il brodo vegetale.

In un tegame fai appassire un trito di scalogno, aglio, prezzemolo e seppie; aggiungi il peperoncino, i molluschi, sfuma col vino dealcolizzato e cuoci, coperto, per 3 minuti. Togli le cozze e i gamberi e mettili da parte.

In un'altra padella, con un pezzetto di burro e un filo d'olio, fai tostare il riso.

Versa il riso nella padella del pesce, rimescola e inizia a cuocere aggiungendo via via qualche romaiolo di brodo bollente. Assaggia e aggiusta di sale e pepe. Porta a cottura e fai riposare 2 minuti coperto.

Versa il risotto nei piatti, aggiungi le cozze e i gamberi e servilo con un pizzico di prezzemolo tritato fresco.

Genialata Il riso, con il grano, il mais e la soia, è una delle piante che hanno salvato l'umanità dalla fame. Da noi però ce ne ha messo di tempo la risicoltura per attecchire: bisogna aspettare il 1500 e ringraziare Ludovico Sforza detto il Moro (proprio lui in persona!), signore di Milano, per vedere le prime coltivazioni sistematiche. Ma non è mai stato amato: il *tesoro delle paludi* si è sempre portato dietro odore di povero, di zanzare e malaria. D'altronde in un paese innamorato da sempre della pastasciutta, che ci si poteva aspettare?

Eppure è un alimento completo e complesso, s'è beccato anche un Nobel nel 1929: dopo un decennio di studi sul riso, Eijkman scopre le vitamine (B1) nella sua cuticola e conia il nome *vitamina* proprio per lui, il nostrale riso *oryza japonica*.

Ideona Con questo sughetto, detto anche *alla marinara*, magari con l'aggiunta di un paio di pomodori, è chiaro che puoi condire tutte le pastasciutte del mondo, finanche le lasagne…

Ingredienti 500 g di riso superfino, 2 scalogni, 500 g fra cozze, gamberi e seppie, 1 spicchio d'aglio, un mazzetto di prezzemolo, 1 bicchiere di vino bianco secco, 1 peperoncino fresco, sale e pepe nero, 30 g di burro, olio extravergine; brodo vegetale.

48_Spaghetti al pomodoro

Metti una pentola d'acqua sul fuoco e appena raggiungerà il bollore butta i pomodori interi per 1 minuto: passa all'acqua fredda e pelali. Privali dell'acquetta di vegetazione e dei semi e falli a pezzetti.

Prendi un tegame, ponilo sul fuoco e metti dentro i pomodori fatti a pezzetti, il basilico, il timo e l'aglio. Lascia cuocere 15 minuti, poi copri e leva dal fuoco. Togli l'aglio e passa tutto al passaverdure con i buchi grossi. Rimetti nel tegame e aggiusta di sale.

Lessa gli spaghetti in abbondante acqua salata, scolali al dente e versali nel sugo.

Falli saltare un minuto con l'olio a crudo, un pizzico di pepe, qualche fogliolina fresca di basilico e servi immediatamente. A chi piace aggiungi lì per lì una grattugiata di formaggio grana.

Genialata È il piatto italiano più famoso del mondo. C'è un motivo: è di una semplicità (non banalità, bada bene) disarmante, sempre che si abbiano i prodotti giusti!

Intanto la *pasta*: di gran qualità, di grano duro, se poi fosse anche artigianale hai fatto bingo! Allora una pasta con 14 minuti di cottura, italiana, fatta con grani antichi: i nostri pastai, dalle Dolomiti alla Sicilia ormai ne producono di speciali.

Il *pomodoro*, l'ingrediente specifico di questa ricetta, deve essere fresco e maturato al sole d'estate. Cerca i San Marzano o il Pendolino, quello del Piennolo, il Pachino, costoluto, fiorentino, Camone, di Belmonte, Piccadilly… quando invece non è stagione, da ottobre a maggio, usa dei buoni pelati nostrali.

L'*olio*, usa un extravergine di carattere, di struttura e robusto (toscano, siciliano, pugliese…); il *basilico* puoi sceglierlo tra il genovese, il minimum oppure il gigante, che ha foglie grandi come una mano e puoi coltivartelo anche sul balcone.

Ingredienti 500 g di spaghetti di grano duro, 1 kg di pomodori maturi, 2 spicchi d'aglio, un mazzo di basilico, 1 ciuffo di timo, sale grosso, olio extravergine d'oliva, sale e pepe nero, formaggio grana.

49_ Spaghetti con la bottarga

Trita finemente l'aglio e, in un padella, mettilo a scaldare con 6 cucchiai d'olio e una punta di peperoncino. Togli dal fuoco e tieni da parte.

Sminuzza il prezzemolo. Prendi un altro padellino e tosta i pinoli: non devi rigirarli, devono tostarsi da un lato solo.

Cuoci come di consueto gli spaghetti, scola bene al dente, versali nella padella con l'aglio e olio e salta qualche minuto sul fuoco allegro, con un pizzico di buccia di limone grattugiata.

Leva dal fuoco e condisci con pinoli e una generosa dose di prezzemolo tritato: porta subito in tavola.

Genialata **La bottarga** è il nostro caviale, uova di pesce, salate ed essiccate. È la Sardegna a detenere l'Oscar della miglior *baffa* e le gonadi di muggine, o cefalo, sono le più prelibate. C'è una ricetta facile per farsela in casa? Sì. Le sacche delle uova, intere, le lavi, le asciughi e le metti distese tra due strati di sale. Sopra metti un peso e le tieni così per un giorno. Poi le lavi velocemente con acqua e aceto, le asciughi delicatamente e le spennelli d'olio. Appendi e fai asciugare una settimana: pronta.

Il peperoncino D'Annunzio lo aveva soprannominato *il rossoarzente diavolillo*, con una nota di afrodisiaca simpatia, ma oggi in commercio ce ne sono di terribilmente piccanti, con effetti devastanti, tanto che per catalogarne la piccantezza si va dallo 0 della scala Scoville di un peperoncino dolce, ai 2.000.000 Scoville dello *Scorpione di Trinidad*. Ma questo è un'arma letale, altro che *viagra naturale*!

L'olio piccante Dopo avere indossato dei guanti spessi di gomma, con le forbici taglia a pezzi 500 g di peperoncini e mettili a marinare in sale grosso e aceto. Dopo 12 ore scolali e mettili nei barattoli con un po' di origano secco e aglio fatto a fettine. Ricopri d'olio e metti al buio per 1 mese prima di usarlo su tutto quello che vuoi.

Ingredienti 400 g di spaghetti alla chitarra , 2 spicchi d'aglio, prezzemolo, 20 g di pinoli, bottarga, peperoncino "Scotch Bonnet" qb, olio extravergine, limone bio, sale grosso.

50_ Tagliatelle alla bolognese

Per prima cosa prepara il sugo di carne iniziando dal *soffritto*: trita grossolanamente gli odori e falli rosolare con l'olio, rigirandoli spesso, per una decina di minuti. Aggiungi la carne e rosola bene anche questa. Sfuma col vino e aggiungi pomodori, concentrato e un paio di mestoli di acqua calda. Fai cuocere un'ora affinché si ritiri, rigirando di tanto in tanto.

Spengi e metti da parte.

Intanto fai la pasta come di consueto (vd. *Cannelloni* alla scheda 24), bella fina e, con un coltello affilato, tagliala a nastri larghi un dito e lunghi 40 cm e distendila su un canovaccio ad asciugare con un po' di semola.

Metti a bollire abbondante acqua, aggiungi una manciata di sale grosso, un filo d'olio affinché quando butti la pasta non si attacchi. Quando viene su, scolala e condiscila generosamente col ragù, una bella spolverata di parmigiano e un pizzico di pepe nero.

Genialata È il piatto più amato dagli italiani e quello più copiato e contraffatto all'estero, tanto che tra le ricette più "abusate" dei nostri piatti tipici regionali, in primis troviamo proprio gli *spaghetti alla bolognese* seguiti dai *ravioli*, gli *spaghetti alle vongole*, le *lasagne*, l'*ossobuco* e i *saltimbocca alla romana*. (N.B. tutte ricette che io, per caso, ho messo in questo ricettario…). *BoloGnaise, spag bol o spag bog con parmesan*: l'italian sounding suona così!

Misure A Bologna però ci tengono alle loro ricette, vi avverto, e la misura aurea della *tagliatella*, l'unica pasta che si può condire col sugo detto *alla bolognese*, "cotta e servita a tavola", deve essere la 12.270ma parte dell'altezza della Torre degli Asinelli. Facile no?

Ingredienti 500 g di farina, 5 uova; *per il ragù*: odori misti (cipolla, sedano, carota, prezzemolo), 600 g di carne macinata (300 g di manzo e 300 g di maiale), 2 salsicce fresche, 1 bicchiere di vino bianco, 300 g di pomodori pelati, 2 cucchiai di concentrato, sale e pepe nero, limone bio, olio extravergine; semola, sale grosso.

51__Tajarin al tartufo

Fai la sfoglia come di consueto (vd. *Cannelloni* alla scheda 24) ma, visto che stavolta ci aggiungi anche il parmigiano, ti verrà un po' più dura, quindi devi lavorarla più a lungo.

Tirala sottile a 2 mm e poi, arrotolata, tagliala a striscioline sottili. Metti sul fuoco una pentola d'acqua salata e intanto in un tegame, a bagnomaria, fai sciogliere a fuoco bassissimo il burro con metà tartufo macinato.

Cuoci i tajarin per pochi minuti, scolali e saltali nella padella col burro tartufato. Aggiungi qualche fettina di tartufo sopra e subito in tavola, col parmigiano a parte se qualcuno lo gradisce.

Genialata Il diamante, figlio del tuono. *Il tartufo sta tra quelle cose che nascono ma che non si possono seminare, come l'oro e il diamante.* Platone è il primo sponsor del tubero afrodisiaco che è sempre costato un occhio della testa perché, "dice", disponeva alla voluttà ed era dedicato a Venere, mitico Viagra antelitteram. Ma anche oggi, che la pasticchetta blu la passa la mutua, rimane nella hit parade dei desideri... Il tartufo non fa prigionieri, o lo ami o lo odi.

Bianco o nero Il colore determina il valore: il *tuber magnatum*, bianco e pregiato, di Alba, è quello che costa di più. Si raccoglie dopo l'estate (ma tartufi bianchi se ne trovano a chili anche in Toscana, Umbria, Marche, Molise...). Il nero, *tuber melanosporum*, si raccoglie in primavera/estate: costa poco e sa di poco, ma fa scena e cotto dà qualche soddisfazione. Per conservarlo non usare il riso, ma incartalo con un foglio di carta assorbente asciutta e uno umido. Mettilo in frigo, nella parte meno fredda. Quello nero tienilo con le uova: si impregneranno del suo sapore ancora prima di esser cotte.

Siccome costa molto, occhio alle fregature! Anche se, il tartufo, a dirla tutta, è l'unico modo gentile di farsi prendere per il naso.

Ingredienti 400 g di farina, 1 uovo intero e 3 tuorli, 1 cucchiaino di parmigiano; 100 g di burro, 100 g di parmigiano, 30 g di tartufo, sale e pepe, olio extravergine di oliva.

52_ Tegghia riso e cozze

Metti il riso a bagno nell'acqua. Pulisci esternamente le cozze come di consueto, poi con l'aiuto di un coltellino, stando sopra una ciotola, aprile da crude lasciando il mollusco in una valva sola e salvando così l'acquina che esce fuori mentre le apri. L'altra valva buttala.

Fai un tritino di aglio e prezzemolo.

Taglia a fette tutte le verdure e comincia a sistemarle in una teglia a strati, avendo cura di condire ogni strato con olio, sale e pepe e un pizzico di tritino. Inizia con uno strato di cipolle, uno di patate e poi le cozze. Ora scola il riso dall'acqua e distribuiscilo nella teglia, aggiungi i pomodorini e continua con le patate. Versa l'acquetta delle cozze su tutta la teglia, aggiungi una tazza d'acqua tiepida e metti in forno a 180° per 40 minuti.

Genialata Di cozze ce ne sono tante: *muscoli*, *peoci*, *mitili*, *cozze pelose…* tanti i nomi regionali come tanti sono i piatti preparati con questi saporiti ed economici frutti di mare. Da mangiare rigorosamente previa cottura.

Il riso questo sconosciuto C'è l'idea che il riso sia un prodotto del Nord (Lombardia, Piemonte o Veneto), ma certi piatti tradizionali del Sud, come questo pugliese, ci raccontano anche un'altra storia.

Davanti a uno scaffale pieno di scatole colorate e tanti nomi, perdo lucidità: qual è il miglior riso italiano?

Dipende dalla ricetta! **Comune originario**, pasta tenera, tanto amido, indicato per *minestre zuppe* e *dolci*; **Carnaroli**, chicchi lunghi, saporiti, è il re, sempre al dente, per *risotti*; **Vialone nano**, chicchi fini, pregiato, assorbe bene i condimenti, per *risotti mantecati*; **Semifino padano**, media lunghezza, alta capacità di assorbimento, per *minestre e timballi*; **Arborio**, chicchi lunghi, grana grossa, ottimo per *pilaf*; **Parboiled**, è trattato a vapore, non scuoce né perde le sostanze nutritive, per *insalate*; **Integrale rosso** e **Venere nero** novità, buoni per tutte le nuove ricette.

Ingredienti 1 sacchetto di cozze, 2 cipolle bianche, 3 patate, 150 g di riso Arborio, 20 pomodorini maturi, 2 spicchi d'aglio, un mazzetto di prezzemolo, sale e pepe, olio extravergine d'oliva.

53__ Tortelli di zucca

Prendi la zucca, sbucciala e puliscila dai semi e dai filamenti. Tagliala a fette alte due dita e sistemale su una teglia rivestita di cartaforno. Cuoci a 200° per 20 minuti o fino a che la polpa non sarà morbida. Versala in una ciotola, schiacciala con una forchetta e unisci gli amaretti sbriciolati, la mostarda tritata, il parmigiano grattato e l'odore di noce moscata.

Mescola con cura usando le mani. Fai la pasta come di consueto (vd. *Cannelloni* alla scheda 24).

Stendi la pasta sottile e ricavane dei rettangoli 5x5 cm, al centro dei quali metti un cucchiaino di ripieno. Chiudili avendo l'accortezza di far uscire l'aria prima di ripiegare nella forma classica. Se la pasta si fosse un po' asciugata, spennella con l'acqua i bordi prima di farli combaciare.

Cuoci in acqua salata facendo sobbollire per qualche minuto (dipende da quanto hai fatto spessa la pasta…) tirali su con la ramina e passali nella zuppiera, aggiungendo, strato per strato, burro fuso e parmigiano e qualche pizzico di pepe.

Genialata Questi tortelli sono uno dei pochi piatti rimasti nella cucina italiana della grande tradizione storica dell'agrodolce, quando l'unione dell'acidulo e del dolce creava un equilibrio proprio nell'accostamento contrastante e piaceva parecchio! A Mantova ci vanno ancora pazzi.

No *L'agrodolce* non ce l'hanno insegnato i cinesi! In Italia l'abbiamo sempre preparato nella cucina dei signori, serviva per conservare i cibi e nel contempo esaltarne i sapori. Ma soprattutto era un'esibizione di fasto nell'uso di ingredienti pregiati e inarrivabili, come lo zucchero. Che fosse un marcatore di censo lo si deduce dal fatto che quando si è cominciato a produrre lo zucchero dalle barbabietole, divenendo quindi un ingrediente abbordabile a tutti, l'agrodolce è passato di moda…

Ingredienti 400 g di farina 00, 4 uova bio; 1 kg di zucca Marina di Chioggia, 150 g di amaretti, 100 g di mostarda mantovana, 80 g di parmigiano, noce moscata, sale e pepe; burro qb e parmigiano qb.

54_ Tortellini in brodo

Per il *ripieno*: taglia il maiale a pezzettini e fallo scottare in una padella con un filo d'olio. Fai freddare e macinalo un paio di volte con un tritacarne aggiungendo il prosciutto e la mortadella. Passa il composto in una terrina e unisci le uova, il formaggio e l'odore di noce moscata. Amalgama con le mani fino a che non sarà morbido, assaggia e aggiusta di sale e pepe. Copri con la pellicola. Prepara la *sfoglia* come di consueto (vd. *Cannelloni* alla scheda 24).

Per fare i *tortellini*: una volta tirata sottile la pasta, taglia in modo da ottenere dei quadrati di 3-4 cm in cui mettere, al centro, una pallina di ripieno. Prendi in mano ogni quadrato e unisci i due vertici opposti formando un triangolo. Per fermare il ripieno vanno premuti i bordi. Poi, attorno alla punta del dito indice, si uniscono gli altri due angoli facendo pressione sulla pasta.

Fatto! Sistemali tutti sulla tavola coperta da una tovaglia e, quando il brodo bolle, versa i tortellini. Abbassa la fiamma per cuocerli lentamente che sennò corri il rischio che ti si aprano tutti! In pochi minuti i tortellini verranno a galla e questo è segno che sono cotti a puntino. Spengi e servi con altro parmigiano da grattare a parte.

Genialata L'ombelico di venere. Toretellini o cappelletti, anolini o agnolini e allora perché non tortelli e tortelloni? Quello che cambia non è solo sostanza e forma, è proprio questione di filosofia culinaria. In Emilia e in Romagna, come in Toscana e Lombardia, di queste cose se ne intendono e ognuno ha la sua ricetta perfetta. Modena e Bologna se ne contendono la paternità. Intanto che la loro origine si perde tra favola e realtà, i *tortellini in brodo* hanno conquistato le tavole italiane delle feste. È vero, c'è stato un periodo di sbandamento in cui erano stati sopraffatti da panna e prosciutto, ma tant'è, oggi hanno ritrovato il posto d'onore in ogni menu che si rispetti. In confidenza, detto tra noi: i *tortellini alla panna* son proprio buoni…

Ingredienti 400 g di farina, 4 uova; 180 g di carne maiale, 70 g di Prosciutto di Modena e 70 g di Mortadella di Bologna. 120 g di parmigiano stagionato, 1 uovo, olio extravergine di oliva, sale, pepe bianco, noce moscata; una pentola di buon brodo di carne.

55__ Trenette al pesto

Metti sul fuoco un pentolone d'acqua.

Pulisci i fagiolini e, appena inizia a bollire, buttali nella pentola insieme alle patate sbucciate e fatte a quadrotti. Quando l'acqua bolle aggiungi il sale e butta la pasta, meglio lunga tipo trenette, bavette, vermicelli, linguine o spaghettini.

Intanto il basilico va lavato e poi disteso a foglie su un canovaccio e asciugato delicatamente. Come insistono i genovesi, il pesto va fatto col "pestello". E sennò perché si chiamerebbe così? E allora prendi il pestello, metti le foglie del basilico, una manciatina di sale grosso e comincia a pestare, senza furia. Aggiungi i pinoli e continua a pestare, pestare… eppoi via via aggiungi l'aglio, i formaggi e l'olio a filo. E pesta, pesta… Ti è venuto a noia solo a leggerlo? Lo so, anche a me… E allora prendi il mixer, metti tutti gli ingredienti nel bicchiere, iniziando dai formaggi, aggiungi un cubetto di ghiaccio e dai il via all'attrezzo: uno, due minuti a velocità pulsante mentre versi l'olio e il pesto è fatto! Scola la pasta al dente (fagiolini e patate saranno cotti a puntino) e condisci con il pesto; se alla fine risultasse troppo asciutta aggiungi un po' d'acqua di cottura. Decora con qualche foglia di basilico, qualche pinolo intero e subito in tavola.

Genialata Basilico di Prà, aglio di Vessalico, olio ligure, pinoli di Migliarino. Risultato: il pesto perfetto.

I pinoli Lo so, quelli buoni, italiani, sono cari. Ma hai una vaga idea di quanto lavoro ci vuole per averne un sacchettino?

Per tirare fuori tutto il profumo mettili sul fuoco, in una padellina, avendo l'accortezza però di tostarli da una parte sola, senza mescolarli.

Puoi usarne ancora meno sostituendone una parte, magari quella che va nel pesto "pestato", con dei gherigli di noci. Ma anche questa, come l'uso del mixer, non dirla ai genovesi…

Ingredienti 2 mazzi di basilico, 50 g di pinoli italiani, 1 spicchio d'aglio, 100 g di parmigiano e 100 g di pecorino grattati, 300 g di fagiolini, 3 patate, olio extravergine d'oliva ligure, pepe nero, sale grosso, 1/2 kg di pasta.

56_Zuppetta di cicale

Per prima cosa metti a spurgare le vongole e, buttate via quelle rotte e quelle che vengono a galla, scolale e falle aprire in un tegame sul fuoco allegro per 5 minuti.

In una padella capace, versa un poco di olio e fai soffriggere l'aglio e il peperoncino per un minuto e poi butta le cicale. Sfuma col vino dealcolizzato e fai cuocere 5 minuti. Aggiungi le vongole e un poco della loro acquetta filtrata, altri 2 minuti di cottura e spengi. Aggiungi qualche pomodoro e qualche filino di cipolla cruda e servi insieme a fette di pane tostate.

Genialata Povere ma belle. Cicale, canocchie, sparnocchie, canocie, caraviedde, astrea: i nomi per questo crostaceo, perfetto per le zuppe, si sprecano! Ma è *Squilla mantis,* il suo nome altisonante, a renderle giustizia. È vero, le cicale sono difficili da mangiare, ti inzaccheri tutto, devi usare le mani, devi succhiare, scardinare, lavorarci un sacco e comunque alla fine ci ricavi sempre poco. Però, certe zuppette sono indimenticabili, e questa è proprio una di quelle che coniugano la povertà degli ingredienti e la mirabile sapienza del fare in cucina.

Le cicale non vanno bene per i sushi o i carpacci delle nuove mode? Ma chissene! Con queste ci mangi chili di pane inzuppati nel profumo del mare... ecco, magari questo l'unico rischio!

Per paradosso, questi ingredienti che costano poco, sono fuori dalle grandi truffe alimentari e sono più sicuri e freschi.

Per le vongole valgono gli stessi discorsi... è il *quarto stato del mare* che entra democraticamente e saporosamente nelle pentole di chi ha gusto e vuole mangiar bene, usando la testa...

Ingredienti 1 kg di cicale freschissime, 800 g di vongole veraci, 2 spicchi d'aglio, una ventina di pomodorini ciliegini, mezzo bicchiere di vino bianco secco, 1 peperoncino, 1 ciuffo di prezzemolo, olio extravergine d'oliva, pepe; 1 cipollotto di Tropea, fette di pane tostato.

57___Arista con le patate

Prendi la mezzaluna e sul tagliere fai un battutino di aglio, rosmarino, sale e pepe.

Col tritino aromatico massaggia ben bene la superficie della lombata e legala con lo spago. Accomoda la carne in una teglia appena unta d'olio, metti in forno già caldo a 180° e lascia cuocere per un'ora e mezzo.

Sbuccia le patate, falle a tocchi e tienile in acqua una ventina di minuti a perdere l'amido. Asciugale e condiscile in una ciotola col solito tritino e un filo d'olio. Mezz'ora dopo che hai infornato, tira fuori la teglia e metti le patate a corona. Ogni tanto irrora la carne con l'intingolo che si forma in cottura. Toglila dal forno e, avvolta nell'alluminio, lasciala riposare per 15 minuti.

Per creare la *salsina* da servire con la ciccia, metti sul fuoco la teglia, aggiungi una tazzina di acqua con la maizena sciolta e la senape e, aiutandoti con un mestolo, scrosta tutto l'attaccaticcio saporito.

Nella versione classica l'*arista* si serve fredda con l'intingolo caldo.

Genialata È l'arrosto principe della Toscana da sempre, almeno da quando, nei pascoli e nei boschi degli Appennini, pieni di ghiande e castagne, sgrufolavano, bradi, i maialetti di *Cinta senese*.

Dal dopoguerra, dopo un periodo di sbandamento in cui enormi maiali *large white* (molto più redditizi e facili da allevare ma con la carne insulsa e piena di grasso) presero il posto delle nostre misurate razze italiane, grazie al lavoro di chef e allevatori testardi, oggi si stanno riscoprendo le vecchie razze nostrane. Sono quelle magrette e speciali, come la *Cinta*, la *Mora romagnola*, la *Casentinese*, la *Casertana*, il *Nero dei Nebrodi*, la *Sarda*... che regalano carni e salumi senza rivali. Meglio poca e buona, che tanta e cattiva, o no?

Forno o fornello L'arista la puoi cuocere anche in una casseruola, sul fuoco, basta che ci aggiungi un ramaiolo di brodo e cuoci coperto per 50 minuti.

Ingredienti 1,8 kg di lombata di maiale senza osso, 1 spicchio d'aglio, un ciuffo di rosmarino, sale marino e pepe nero di macinello, olio extravergine d'oliva; 2 kg di patate; 1 cucchiaino di maizena, 2 cucchiaini di senape.

58__Baccalà alla vicentina

Pulisci, fai a fettine fini cipolle e aglio e mettile a stufare con un po' d'olio, in una casseruola col coperchio: devono diventare trasparenti e non prendere colore. Aggiungi le acciughe dissalate, spinate, e falle sciogliere sul fuoco; sfuma col vino e aggiungi il prezzemolo tritato. Fai a tocchi lo stoccafisso, infarinalo leggermente e ponilo sulle cipolle, in un solo strato nella pentola. Cospargilo di formaggio grattato, copri col latte e fai cuocere a fiamma bassissima per diverse ore, senza mai rigirarlo ma solo scuotendo il tegame per far sì che non si attacchi sul fondo. Cotto il giorno prima è ancora più buono. Contorno classico: la polenta.

Genialata Ma come? Si chiama *baccalà* e invece è *stoccafisso*? Un bel rompicapo!

No, nelle zone di cultura veneta, dove di merluzzo conservato ne cucinano parecchio, chiamano *baccalà* (parola che comunemente nelle altri parti d'Italia designa il merluzzo conservato sotto sale) lo *stoccafisso* che invece in tutta Italia è il merluzzo essiccato e non salato, ossia lo *stocco*. In Lombardia invece chiamano *merluzzo* anche il *baccalà* sotto sale… Altra zona gastronomica del merluzzo conservato è l'Anconetano.

Ricapitolando: il pesce merluzzo atlantico, il *gadus morhua*, è il "baccalà" quando viene aperto, pulito e messo sotto sale; diventa lo "stoccafisso" quando invece, dopo essere stato pulito, viene fatto essiccare all'aria delle isole Lofoten, il Sancta Sanctorum del merluzzo.

Ma quale scegliere? Non è facile dirlo ma, visto che costa un occhio della testa, provo a darti qualche dritta. Il baccalà deve essere lungo almeno 40 cm e più, e spesso 3 cm; come lo stoccafisso, deve essere bianco e non giallo o peggio macchiato, ma non troppo bianco che allora è stato sbiancato; deve essere profumato e non puzzolente. Se acquisti lo stoccafisso cerca la qualità "Ragno"; se prendi il baccalà prendi quello di "San Giovanni".

Ingredienti 1 filettone di stoccafisso "Ragno" già battuto e ammollato, 1/2 kg di cipolle bianche, 1 spicchio d'aglio, farina 00, 1 bicchierino di vino bianco, 1/2 litro di latte fresco, 3 acciughe sotto sale, 50 g di grana, prezzemolo, olio extravergine d'oliva.

59__Bistecca

Togli la bistecca dal frigorifero una mezza giornata prima di cuocerla. **Hai brace?** (*Ottimo*) Accendi il fuoco e, a brace velata e griglia caldissima, adagia la bistecca e falla cuocere 5 minuti da una parte. Poi rigirala, senza bucarla, e cuocila ancora 5 minuti dall'altra. **Hai gas?** (*Meglio di nulla…*) Metti la bistecchiera di ghisa sul fornello e falla diventare rovente. Appoggia la carne e falla cuocere 5 minuti per lato come sopra.

Nel vassoio di portata, con una forchetta, emulsiona l'olio, il sale e il pepe nero. Leva la carne dalla griglia, mettila nel vassoio e rigirala ben bene per insaporirla. Sigilla il vassoio con la carta d'argento e fai riposare 5 minuti: le fibre si ridistenderanno e la carne sarà più morbida.

Contorno classico? Patate fritte, fagioli lessi, insalata mista. Pane fresco, un paio di bicchieri di vino rosso e… tanto *a pagare e a morire c'è sempre tempo*.

Genialata Questa è la *bistecca alla fiorentina*, la *T-Bone*. Fino a qualche decennio fa, forse, era di *chianina*, oggi no. Non la chiedete, non ce n'è più. In Italia, oggi, vengono allevate e macellate altre razze di carne, *Limousine*, *Marchigiana*, *Maremmana*, *Romagnola*, *Piemontese*, *bianco dell'Appennino*, *Podolica*… che, se cresciute al pascolo, alimentate con fieno ed erba, non imbottite di antibiotici, macellate e soprattutto ben frollate (almeno 20 giorni), danno bistecche magnifiche e costano anche parecchio meno delle sedicenti *chianine*.

Cottura perfetta Non andare al ristorante a chiedere la bistecca *cottura media*, o peggio, *cotta bene*. L'unica cottura ammessa è *al sangue*, non c'è altra possibilità. Se hai problemi col sangue allora ti mangi la *braciolina* e siamo tutti contenti. Questo è un piatto primitivo, bisogna correre il rischio di addentarlo e sporcarsi le mani.

Taglio perfetto Per tagliare e non straziare la bistecca occorrono dei coltelli ben affilati senza seghetta, proprio come quelli meravigliosi di *Scarperia*.

Ingredienti 1 bistecca alta almeno 3 dita (possibilmente di femmina, che sia ben frollata, almeno venti giorni, e bella marezzata di grasso giallino), olio extravergine d'oliva, sale di Cervia, pepe nero.

60__Bollito misto

In una pentola piena d'acqua metti le carote, il sedano, le foglie di alloro, la cipolla con infilati i chiodi di garofano, sale e chicchi di pepe. Quando bolle buttaci i pezzi della carne rossa ma non la lingua, né il cotechino che cuocerai in altre due pentole nello stesso modo, ma per metà tempo.

Schiuma via via con una ramina per togliere la schiumetta bianca dell'albumina che si forma e sale in superficie e che rende il brodo torbido. Fai sobbollire per almeno 3 ore. Dopo 2 ore buttaci anche la gallina.

I puristi portano il bollito in tavola "bollente", con la pentola di cottura, e lo mangiano solo con un po' di sale. Tutti gli altri, me compresa, lo accompagnano con la *salsa verde*, la *maionese* o un po' di *mostarda*.

Genialata Piatto monumentale della cucina italiana, gran furbata! In un colpo solo, e senza tanta fatica, ti ritrovi *il brodo*, corroborante che scalda cuore e pancia e serve per tante ricette, e *il bollito*, che puoi anche rifare in cento maniere diverse (col sugo, le polpette, la frittata…). La carne usata è di "seconda scelta", ossia pezzi *sfigati* che costano pochissimo, ma che trattati così divengono un piatto da re.
Ideona Salsa verde sprint. Metti nel mixer: un mazzo di prezzemolo, 1/2 spicchio d'aglio, 1 fetta di pane bagnata nell'aceto e strizzata, 2 acciughe dissalate, 2 cucchiai di capperi sottaceto, un uovo sodo, 2 bicchieri d'olio extravergine. Aziona e frulla tutto.
Maionese alleggerita Monta i tuorli con l'olio extravergine, come sempre. Intanto miscela in parti uguali limone, acqua e aceto, un pizzico di sale e aggiungi piano piano all'uovo montato.

Ingredienti 3 kg di carne mista: *manzo*, punta di petto, biancostato, polpa, 1 lingua; *vitella*: punta di vitella; 1 gallina, 1 cotechino, qualche osso "ciccioso" da brodo; 2 carote, 3 coste di sedano, 3 cipolle rosse, 3 chiodi di garofano, 2 foglie di alloro, prezzemolo, pepe in grani alla creola.

61__Brasato al Barolo

Pulisci gli odori, falli a pezzi e mettili in una ciotola con la carne, l'alloro e i grani di pepe. Copri tutto col vino e lascia marinare 24 ore in un luogo fresco.

Dopo questo tempo togli la carne dalla marinata, asciugala bene con la carta assorbente e mettila a rosolare in una casseruola con una noce di burro affinché su tutta la superficie si formi una crosticina dorata. Aggiungi un pizzico di sale e pepe.

Filtra la marinata e versa il vino sulla carne, incoperchia e fai cuocere, a fuoco dolcissimo, per un paio d'ore, rigirando il pezzo, fintanto che il vino si sarà asciugato.

Tira fuori la carne e falla a fette. Filtra la salsa e falla ribollire 2 minuti aggiustando di sale e dandogli un profumo in più aggiungendo il bicchierino di grappa. Fai evaporare e nappa il brasato che servirai accompagnato con purè o con patatone arrosto.

Genialata *Barolo o non Barolo, this is the question…* In Piemonte è consuetudine preparare piatti con il *Barolo*; i brasati divenuti tanto famosi e tanto amati lo sono proprio per la loro specificità. L'uso di un vino come il *Barolo*, uno dei più importanti e buoni vini al mondo, rende prezioso questo piatto, donandogli profumi speciali. Intendiamoci, puoi fare il *brasato* anche con altro vino, ma *conditio sine qua non* è che sia rosso, corposo e di bassa acidità. Puoi scegliere tra Nebbiolo, Barbaresco, Cannonau, Nero d'Avola o Aglianico e Chianti… tanti sono i vini italiani tannici e di buona struttura meno pregiati, meno cari, ma non meno validi, e che doneranno al tuo brasato sfumature e aromi da sballo. Attenzione: considera che devi raddoppiare, cioè devi portare a tavola lo stesso vino con cui hai cucinato il piatto. *Prosit!*

Ingredienti 1,5 kg di carne di bue legato con lo spago (un pezzo di *scamone*, *reale*, *cappello del prete* o *polpa di spalla*); odori: carota, cipolla, sedano, 1 foglia di alloro, salvia; aromi: cannella, chiodi di garofano, anice stellato, timo; 1 bottiglia di Barolo, un pezzetto di burro, 1 bicchierino di grappa, sale e pepe nero in grani.

62__Calamari ripieni

Per prima cosa pulisci, con attenzione, i calamari, togliendo occhi e vescichetta ma lasciando i tentacoli attaccati al corpo. Poi pulisci gli scampi, o quel che hai, e saltali per qualche minuto in una padella con olio, uno spicchio d'aglio schiacciato e vestito e il peperoncino. Toglili dalla padella e tieni da parte.

Pulisci e trita le carote e le zucchine, mescolale con il basilico e la nepitella e soffriggi nella padella, e nell'olietto degli scampi. Aggiungi ora la mollica di pane sbriciolata affinché assorba tutti i sapori. Frulla tutto insieme quello che hai soffritto aggiungendo l'uovo intero, un pizzico di sale e pepe e col composto riempi i calamari chiudendoli con uno stecchino.

Sistema i calamari in una casseruola, irrorali di olio, spolverali di pangrattato fresco, sale e pepe, contornali con i pomodorini fatti a pezzeti e mettili sul fuoco allegro. Dieci minuti, non di più, una rigirata, e sono pronti per essere portati a tavola magari con un contorno di riso in bianco o di patate lessate a tocchetti.

Genialata Questo è un piatto che puoi fare anche con i *totani*: anzi non sai quante volte ci avranno venduto totani, meno pregiati, al costo dei calamari! Ma ora mi sono fatta furba, ho capito la differenza (e mi compro i totani più freschi, e più economici!). Guardagli la coda: il totano ce l'ha a freccia, a triangolino; il calamaro ce l'ha più lunga, tanto che gli occupa quasi tutto il corpo. Anche le sue *braccia tentacolari*, si vede, sono più lunghe. Il totano è un po' più ignorante, con carni leggermente più dure, ma cucinato in umido è parecchio buono e ti fa risparmiare.

Le ricette tra calamari e totani sono intercambiabili, ma se riesci a trovare i calamaretti piccini picciò fatteli infarinati e fritti… indimenticabili!

Ingredienti 6 calamari, una decina di scampi o di canocchie, 2 carote, 2 zucchine, 1 spicchio d'aglio, un ciuffetto di nepitella, qualche foglia di basilico, una fetta di pane raffermo, 1 uovo, 1 peperoncino. 20 pomodorini maturi, olio extravergine d'oliva, sale e pepe nero.

63__Caponatina

Lava e taglia a tocchi le verdure. I peperoni, dopo averli lavati, sbucciali usando un pelapatate e puliscili dai semi e dai filamenti bianchi. In una casseruola metti l'aglio vestito e schiacciato con l'olio e senza fare il soffritto, che così viene più leggera, aggiungi via via tutte le verdure, cominciando con le melanzane che farai andare a fuoco vivo per 5 minuti. Continua con le altre verdure che farai rosolare per il tempo necessario, tenendole al dente. Infine fai un trito con capperi, olive, uvetta e basilico e aggiungi l'origano. Aggiusta di sale e pepe.

È un contorno veloce da fare, buono soprattutto il giorno dopo, freddo. In frigo, ben sigillato si mantiene anche 3-4 giorni.

Genialata Piatto principe, popolare, del paciugo estivo, quando i mercati strabuzzano di ogni ben di Dio a basso prezzo.

È una ricetta del Meridione, siciliana, ma anche in Liguria la si è sempre fatta, con qualche variante di ordinanza… Ma l'Italia tutta è una variante, non esiste una ricetta che tutti fanno uguale, nemmeno nella stessa città, via, condominio o pianerottolo: ognuno ha la sua! Quella "originaria" prevede che le melanzane vengano fritte e ogni verdura saltata e rosolata a parte, in un altro tegame. C'è anche chi, a fine cottura, aggiunge un paio di cucchiaiate di aceto e di zucchero, inserendo quindi questa preparazione tra le ricette *agrodolci*, ma questa si chiama *caponata*.

Ideona *Caponatina, buglione, frigò, gurguglione…* è il ricco contorno che mette d'accordo tutti. È talmente amato che ormai si vende già pronto nelle scatolette o surgelato.

In Toscana si usa cuocervi le uova: quando sei a fine cottura, con un mestolo crea delle fossette nella superficie della verdura e dentro aprici le uova (bio) lasciandole rapprendere, 5 minuti a fuoco dolce e a tegame coperto.

Ecco un *piatto unico*. Per forza, quando hai mangiato questo, con un filone di pane, cosa vuoi mangiare ancora?

Ingredienti Verdure varie: 2 melanzane, 2 zucchine, 2 patate, 1 cipolla, un cuore di sedano, 2 carote, 2 peperoni, pomodori maturi, una manciata di uvetta, capperi dissalati, olive nere o verdi denocciolate, 1 spicchio d'aglio, origano, basilico, olio extravergine d'oliva, sale e pepe nero o 1 peperoncino fresco.

64 Carpaccio con salsa universale

"Se voi sfilettate della carne cruda, naturalmente freschissima e tagliata in fettine leggere come fosse un prosciutto, eccovi (con l'aggiunta di un tantino di salsa) il *carpaccio*. Con il carpaccio gli imbrogli sono proibiti. Il suo segreto è nell'essere interamente svelato, nudo come mamma l'ha fatto. La carne da sola era un po' insipida; ma c'era una salsa molto semplice che chiamo *universale** per la sua adattabilità alla carne e al pesce. Ne misi una spruzzatina sul filetto e, in onore del pittore di cui quell'anno a Venezia si faceva un gran parlare per via della mostra e anche perché il colore del piatto ricordava certi colori dell'artista, lo chiamai carpaccio". Queste le parole di Giuseppe Cipriani, l'inventore del *carpaccio*, tratte dal suo *L'angolo dell'Harry's Bar* in cui racconta la fortunata avventura del suo locale.

Per la *salsa*: frulla tuorli, aceto, senape, sale e pepe. Versa l'olio a goccia, in modo da ottenere un'emulsione abbastanza fluida. Aggiungi la salsa Worcester, il pomodoro, due gocce di limone e la panna. Aggiusta di sale e pepe e versala *alla Kandinsky*, artisticamente come più ti piace, sulle fette di carne.

Genialata Obtorto collo. Oggi nel mondo, tutto quello che viene servito crudo, e a fette, si chiama *carpaccio*…

Eppure l'originale era perfetto nella sua semplicità! Questa è una delle poche ricette al mondo che ha un babbo e una mamma: Cipriani la inventò per la contessa Amalia Nani Mocenigo. Cipriani, uomo intelligente, fece del suo american bar in calle Vallaresso 1323, piccolissimo e modernissimo, una delle tappe imperdibili del jet set internazionale, dove principesse, capi di stato, attrici e scrittori ritenevano doveroso andarsi a sbronzare quando passavano da Venezia.

Ingredienti 600 g di controfiletto, 2 tuorli, 2 cucchiate di aceto bianco, olio extravergine d'oliva, 4 cucchiai di salsa di pomodoro fresco, 1 punta di senape, 2 cucchiai di Worcester, 1 cucchiaio di succo di limone, 4 cucchiai di panna, sale e pepe bianco.

65 _ Coniglio in porchetta

Se lo compri disossato sei già a metà del guado… Distendilo sul tagliere e insaporiscilo all'interno con un pesto di lardo, aglio, un pizzico di sale, pepe e finocchietto. Intanto fai una frittata e, una volta cotta, tagliala a strisce e farcisci il coniglio aggiungendo anche la mortadella. Arrotola per benino il coniglio, legalo col filo da cucina e mettilo a rosolare, con l'olio, l'aglio vestito e schiacciato e il rosmarino, in una casseruola a fuoco vivo, rigirandolo per farlo colorire bene da tutti i lati. Bagnalo col vino bianco dealcolizzato (fatto cioè bollire una decina di minuti), e fai evaporare. Abbassa la fiamma, aggiungi una romaiolata di brodo vegetale bollente e fai cuocere per una mezz'ora, tappato col coperchio. Leva dal fuoco e fai riposare altri 10 minuti prima di slegarlo e farlo a fette. Infine, insaporiscilo con l'intingolo che si è formato in fondo al tegame.

Genialata Ricette di coniglio non se ne trovano nei vecchi ricettari non perché non piacesse, ma perché era considerata carne di serie Z… roba da contadini, carne senza onore. Non come la *lepre*, la sorella selvatica che tanto onore faceva invece al cacciatore se riusciva a portarsela a casa, morta sparata!

Addomesticato per la sua formidabile prolificità, è stato la ricchezza dell'aia: una coniglia figlia 100 volte l'anno; 10 coniglie = 1.000 nati!

Tutto il *lapin* di cui i borghesi cittadini andavano fieri, cappelli, giacchette e baveri, altro non era che pelle di coniglio, morto e mangiato dal contadino… Questa ricetta è il *voglio ma non posso* del maiale in porchetta.

Ideona Fritto è buono anche… il coniglio! Il miglior modo di cucinarlo: fai una pastella lenta, con uova sbattute e farina; immergi i pezzi di coniglio e poi friggili in abbondante olio extravergine. Sale, pepe e in tavola.

Ingredienti 1 coniglio disossato, 4 uova bio, 150 g di mortadella tagliata a fette, un rametto di rosmarino, aglio, 100 g di lardo, finocchietto selvatico, 1 bicchiere di vino bianco dealcolizzato, olio extravergine, sale e pepe nero.

66 __Cotoletta alla milanese

Fatti tagliare dal macellaio delle bistecchine di vitello alte 1,5 cm e intaccane con un coltello il bordo, affinché in cottura non ti si arriccino. In una terrina, sbatti leggermente le uova con un pizzico di pepe e immergi la carne lasciando fuori l'osso; poi passala nel pangrattato e, con le dita, premi e fai che la panatura si appiccichi ben bene. Intanto metti a scaldare un bel tocco di burro in una padella e rosola una fetta per volta, 5-6 minuti per parte, irrorando via via la carne con il burro bollente che verserai sopra a cucchiaiate inclinando la padella. Tolta dal fuoco mettila a scolare sulla carta gialla e spolverala con un pizzico di sale.

Chi ha buon gusto, come dice l'Artusi, la può accompagnare con una fettina di limone "che l'agro ci sta sempre bene sui fritti…" e una insalata mista dell'orto.

Genialata Dopo che questo piatto ha fatto il giro del mondo, conquistandolo, c'è ancora chi si chiede se sia stato davvero inventato a Milano o a Vienna… Ma è importante? E poi, cotoletta o costoletta?

Le uniche due cose che puoi, anzi, devi chiederti sono:

1) la batto o no, la carne, prima di metterla nell'uovo, per farla diventare così la famosa *orecchia d'elefante*? Allora se la batto poi verrà fuori una fetta croccante molto appetitosa, ma la carne avrà perso il suo sapore e i succhi che la rendono morbida; se non la batto magari nel piatto sarà meno spettacolare ma più saporita…

2) la friggo nel burro o nell'olio? E se decido per l'olio, extravergine o di semi di arachide?

La *milanese*, poche chiacchiere, si frigge nel burro spumeggiante. Io, toscana, la friggo nell'olio extravergine, ma solo per motivi di cuore (e non parlo di colesterolo, ma di tradizione!). Le nostre *bracioline fritte* invece sono una milanese "addomesticata": ti bastano delle fette di carne, perfetta anche quella di maiale, da cucinare come sopra, e in più, se ti avanzano, il giorno dopo le rimetti a scaldare nella salsa di pomodoro e basilico.

Ingredienti 4 bistecche di vitello, 2 uova bio, pangrattato di mollica di pane toscano, pepe, sale fino, burro.

67__Fegatelli all'alloro

Metti ad ammorbidire la rete di maiale in acqua calda per qualche minuto: come per incanto diventerà morbida e potrai a questo punto usarla facilmente. Asciugala bene e tagliala a pezzi quadrati. Su ognuno appoggia un tocchetto di fegato che avrai nel frattempo tagliato e condito con un pizzico di sale, pepe, semi di finocchio e una foglia di alloro. Impacchetta il fegato nella rete e fermala con uno stecchino. Versa un paio di cucchiaiate d'olio in una casseruola, mettila sul fuoco e fai rosolare i fegatelli da tutte le parti, rigirandoli via via col mestolo. Poi abbassa la fiamma e fai cuocere per 5-8 minuti. Mangiali subito così, belli caldi e profumati, magari col contorno di qualche foglia di radicchio, o rape o broccoli ripassati con aglio, olio e peperoncino.

Genialata Il nome di questo piatto pare uno scioglilingua, un'allitterazione, una cacofonia, ma ti assicuro che è un piatto geniale, come tanti della cucina italiana: economico e gustoso, invitante e curioso! E al solo dirlo poi ti farà venire l'acquolina in bocca. Il fegato, di qualsiasi animale, una volta cotto deve rimanere rosa: se lo cuoci troppo a lungo diventa asciutto, stopposo e grigiastro. *Baccalà, fegato e uova, più bolle e più si assoda*, quindi occhio al timing per un risultato finale a regola d'arte.

Ideona Puoi cuocerli anche in forno, a 160° per un quarto d'ora, facendo poi sgrondare il grasso inclinando la teglia.

Se a un certo punto decidi di fare la formichina per ipotetici e futuri tempi duri, puoi metterli sotto conserva! Prendi un barattolone di vetro e riempilo dei fegatelli or ora cucinati. Fai struggere parecchio lardo in un pentolino e, quando è ancora bollente, versalo dentro al barattolo e chiudi ermeticamente. Metti al fresco, si conserveranno anche diversi mesi.

Ingredienti 800 g di fegato di maiale, un pezzo di rete di maiale, semi di finocchio, foglie di alloro fresche, 2 spicchi d'aglio, olio extravergine d'oliva, sale e pepe nero di macinello.

68__Frittate

Lava, pulisci e taglia le verdure, un tipo alla volta, e tienile separate. Prendi una padellina antiaderente (con i bordi bombati), mettila sul fuoco con un filo d'olio, uno spicchio d'aglio vestito e schiacciato e, per esempio, i carciofi fatti in 8 spicchi. Rosola appena e tappa col coperchio, affinché cotti restino morbidi. Sbatti 4 uova in una ciotola con un pizzico di sale e pepe. **N.B.** Le uova per la frittata non è bene frullarle molto. Lascia intiepidire la verdura prima di unirla e mescolarla velocemente alle uova sbattute.

Rimetti un filo d'olio nella padella, fai scaldare e rovescia le uova. Fai cuocere a fiamma bassa, smuovendo via via un poco la padella e poi, con l'aiuto di un piatto piano, rovescia la frittata per farla cuocere anche dall'altra parte. Pochi minuti sul fuoco e fai scivolare la frittata nel piatto di portata, coprendola per farla rimanere calda mentre cucini le altre.

Ripeti le solite operazioni sostituendo le verdure, tutte quelle che vuoi: zucchine, asparagi, fagiolini, spinaci… anche mescolandole insieme, avendo l'accortezza però di tagliarle sempre a pezzetti piccini per rosolarle meglio e più in fretta.

Buona calda, fredda, nel piatto con un'insalata o messa a imbottire il panino per una sfiziosa merenda. Immancabile nei pic-nic, allo stadio o sul divano davanti alla tv.

Genialata Attenzione, è facile fare una frittata. Già… e chi in vita sua non ha mai fatto *una qualche frittata*? Il segreto di una buona frittata? Ma le uova! Devono essere freschissime e bio, di gallina libera e felice che razzola all'aperto e mangia semi, lombrichi e granturco non OGM… lo so, roba difficile tutta insieme, ma se cerchi, oggi trovi.

Anche l'azione di "sbattere" le uova è importante: basta che tu mescoli tuorlo e albume appena appena, perché se le sbatti troppo si slegano e, durante la cottura, non si gonfiano.

Ingredienti 12 uova; 3 carciofi; 3 cipolle; 3 patate; 2 spicchi d'aglio, olio extravergine d'oliva, sale e pepe.

69__Galantina

Prima di tutto raccomandati al macellaio che nel disossare la gallina stia molto attento a non intaccare la pelle! Prendi la gallina, lavala, asciugala e distendila su un tagliere; separa la carne del petto e delle cosce e tagliala a filettoni. Arrotola la pelle e mettila a marinare nel Marsala. Intanto macina il magro di maiale, quello di vitella e tutti i ritagli di carne di pollo, il prosciutto e il lardo e passali in una ciotola aggiungendo, e mescolando, i pistacchi interi, le spezie, 1 uovo e un tuorlo, il brandy, un pizzico di sale e pepe.

Scola la pelle dal Marsala, ridistendila bene sul piano da lavoro ricoperto con un telo ben pulito, e poni al centro il composto, i filettoni di pollo tagliati e la lingua salmistrata a tocchi. Avvolgi intorno la pelle e chiudi, cucendo con ago e filo da cucina, avendo cura di bucare in diversi punti la galantina prima di avvolgerla nel panno e sigillarla con lo spago. Metti sul fuoco una pentola con gli odori, qualche chiodo di garofano e un pizzico di sale grosso e quando inizia a sobbollire aggiungi la galantina che dovrà cuocere, a fuoco basso, per un paio di ore. Spengi, togli la carne dal brodo e falla freddare in forma un giorno, prima di portarla in tavola fatta a fette.

Genialata Piatto senza tempo, famoso nella cucina borghese, per fortuna non è andato perso con lo tsunami del "nuovo" che ha investito la cucina italiana negli ultimi venti anni.

È laborioso, ma il compito più difficile, disossare la gallina (o il cappone o il pollo) lo lasci al macellaio.

Di bello è che una volta cotta, tenuta in frigo, si conserva anche una settimana.

Per i pranzi delle feste è perfetta: si mangia con l'*insalata russa*, il *purè*, la *giardiniera* e piace a tutti, bellina e colorata. L'Artusi consiglia di aggiungere al ripieno anche 300 g di tartufi. Se lo dice lui!

In estate, fredda e accompagnata da salse leggere e sfiziose, è perfetta e risolve un sacco di occasioni, buffet e controbuffet…

Ingredienti 1 gallina, o un cappone, puliti e disossati, 200 g di magro di vitella, 200 g di magro di maiale, 200 g di lingua salmistrata in un pezzo solo, 100 g di lardo, 200 g di prosciutto, una manciata di pistacchi sbollentati, un bicchierino di brandy, un pizzico di spezie, 2 uova, Marsala secco; odori per brodo, chiodi di garofano, sale e pepe.

70__Melanzane alla parmigiana

Affetta le melanzane alte un dito, sciacquale velocemente, asciugale ben bene e scottale su una piastra antiaderente senza aggiungere nessun grasso. Sulla fetta si formerà così una pellicola che, nella frittura che andrai a fare subito dopo, impedirà all'olio bollente di penetrare la polpa. Friggile velocemente e mettile a scolare sulla carta assorbente.

Taglia la mozzarella a fettine e mettile a scolare dal latte.

Prendi una teglia, foderala con la cartaforno e comincia a fare tante "torrette" alternando e sovrapponendo le fette di melanzana, un pizzico di sale e pepe, la mozzarella e la salsa di pomodoro profumata di olio, aglio, origano e qualche foglia di basilico; termina con la salsa di pomodoro. Una spolverata di parmigiano grattugiato e inforna a 190° per 30 minuti.

Lascia intiepidire e porta in tavola.

Genialata Anche qui la geografia ha fatto un gran pasticcio! Piatto campano, e/o siciliano, che s'è beccato di parmigiano!

E pensare che l'hanno inventato gli arabi, con i greci che ancora lo fanno e lo chiamano *moussaka*... sempre detto: tutto il mondo è paese! Querelle lessicali e storiche a parte, quando compri le melanzane devono essere sode, con buccia liscia e avere il peduncolo verde e turgido. Da noi si raccolgono da giugno a ottobre, a seconda della varietà e non esiste solo quella ovale e viola scuro, la *black beauty*, ce ne sono decine, di tutti i colori, forme e dimensioni. *Varietà* è una parola bella!

Spurgare o non spurgare? C'è chi giura che mettendo le fette di melanzane sotto l'azione del sale grosso queste liberano l'acquetta amara e cotte quindi sono più buone. C'è chi obbietta che però così la polpa si affloscia e quando le friggi si inzuppano ancora di più di olio. Io ho adottato qui un terzo metodo dal risultato *leggero* e *digeribile* visto che le melanzane di oggi non sono più le melanzane di una volta, dal sapore acido e amarognolo... Eh, sì, i tempi son cambiati, signora mia, anche per le melanzane.

Ingredienti 3 melanzane, 400 g di salsa di pomodoro pronta, 1 mozzarella da 400 g, 100 g di parmigiano, aglio, basilico, origano, olio extravergine d'oliva, farina, sale e pepe, olio di semi di arachide.

71_Pancetta arrotolata

Tira fuori la carne dal frigorifero un paio d'ore prima di metterti a lavorare. Per prima cosa, con un coltellino affilato fai dei tagli sulla cotica, che distino un paio di centimetri uno dall'altro.

Con la mezzaluna fai un tritino con tutti gli odori e le erbette, spezie, sale e pepe, e comincia a massaggiare dalle due parti la tua pancetta, che così in cottura non diventerà poi stoppacciosa. Arrotolala con lo spago e legala a salame, ben stretta affinché resti in forma. Prendi una casseruola capiente, versaci un po' d'olio, appoggiaci il rotolo di carne e infila nel forno acceso al massimo. Chiudi lo sportello e subito abbassa a 180°, aggiungendo nella casseruola, dopo un'ora, una tazza d'acqua bollente e una di vino bianco. Fai cuocere in tutto per 2 ore e mezzo e, quando è pronta con la crosta bella croccante, levala dalla teglia e lasciala riposare, coperta, una mezz'ora, prima di tagliarla.

Nel sughetto che si forma in cottura, ci puoi ripassare il contorno: i cavolini di Bruxelles sbollentati, le bietole, i fagioli, le patate…

Genialata Qui niente fumo e tutto arrosto. Certo, non è la porchetta imperiale, quella di Ariccia per intenderci, quella enorme come una cattedrale che vendono anche per strada sui camioncini. Questa al massimo è una *porchettina casalinga*, che però dà parecchia soddisfazione! E perché no, anche con questa ci si fanno panini da sballo!

Ideona Autoproduzione: se trovi una pancetta che merita, rifilala col coltello, togliendo il grasso volante, massaggiala bene con aglio, bacche di ginepro, rosmarino, sale, pepe e peperoncino tutto macinato. Sistemala in un contenitore, coprila di sale grosso e tienila nella sua salamoia per 4 giorni. Levala, lavala in acqua fredda, tamponala, una bella impepata, spezie, erbette e l'attacchi col gancio, per farla asciugare e stagionare 4-5 mesi a una temperatura di 12°.

"Maiale" e tutti i suoi sinonimi, usati come sostantivo, in Italia sono una delle parolacce più urlate dalle donne nei confronti di simpatici palpeggiatori… povero *maiale*, accostato a cotanto *porco*, non è giusto.

Ingredienti 1 pancetta di maiale, aglio, rosmarino, salvia, timo e semi di finocchio, spezie miste, sale marino, pepe nero, vino bianco e olio extravergine d'oliva.

72__Paranza

Pulisci, eviscera e taglia i pesci a rondelle o a pezzetti; infarinali velocemente e subito friggili pochissimi minuti in abbondante olio bollente. Fai scolare sulla carta gialla, spolvera col sale fino e servili immediatamente, magari con qualche spicchio di limone se ti piace.

Genialata Se penso a una tavola estiva, apparecchiata lungo uno degli 8.000 chilometri di coste italiane, non posso pensare a niente altro. Ah sì, magari c'è anche una bottiglia di vino bianco bella fresca.
La frittura mista è la regina dell'estate, eppure per fare un frittino a regola d'arte ci vuole poco.

Ci vuole che una *paranza*, un peschereccio che rientra in porto la sera, dopo aver già stivato nelle cassette il pesce di serie A, sistemi la minutaglia in ceste da vendere a buon prezzo e non lo ributti in mare. I pesci ambiti sono sempre gli stessi – *orata*, *spigola*, *dentice* – tutti quegli altri, seppur finiti nelle reti, in genere ritonfano in mare.

Ma perché invece di ributtarli in mare, solo perché poco richiesti dal mercato, non si fanno diventare ganzi? Parafrasando Wendell Berry, *mangiarli sarebbe un atto ittico*, e in più tante truffe che vengono inventate per noi consumatori coi preziosi pesci di pregio, non avrebbero ragione d'esistere: sbiancare un'acciuga, non ne vale la pena!

Noi consumatori, in Italia, abbiamo una caratteristica, seguiamo le mode anche in cucina, per cui spero proprio che da domani qualcuno faccia diventare desiderabile l'*aguglia*, la *boga*, il *fragolino*, il *melù*, l'*occhiata*, la *palamita*, la *ricciola*, il *pesce sciabola*, il *gronco*, la *murena*, il *sugarello*, o lo *sgombro*, la *lampreda*, la *gallinella*, il *lucioperca*, lo *sparlotto*... ma non hanno dei nomi bellissimi?

È vero, qualche lisca in più, questo quarto stato del mare ce l'ha, saranno forse un poco più complicati da pulire e da mangiare, ma sai che fritturine ti ci vengono!?

Ingredienti 1 kg di pesciolir i freschissimi misti da fritto: triglie, seppioline, totanini, gamberi, merluzzetti ecc., olio di arachide, 500 g di farina 00, limoni.

73__Pesce sciabola farcito

Lava, pulisci le verdure e tagliale a fette per lungo e, su una bistec-chiera di ghisa, falle grigliare dalle due parti.

Taglia i filetti dello sciabola accoppiati lunghi, uguali, in pezzi di 10 cm. Prendi una teglia, rivestila di cartaforno e appoggia un primo strato di filetti di pesce, aggiungi su ognuno una fetta di melanzana, una di zucchina e la provola fatta a fettine, cuore del boccone… Ogni strato va condito con un pizzico di sale, pepe e foglioline di basilico. Ricomincia a ritroso: dopo il formaggio metti la zucchina, poi di nuovo la melanzana e infine il secondo pezzo di pesce con la pelle rivolta verso l'alto.

Prendi l'erba cipollina e, perché sia più elastica, tuffala 30 secondi in acqua calda e poi pressala in tutta la sua lunghezza col retro del coltello: usala con lo spago per legare il pesce con la sua farcia.

Un filo d'olio, qualche pomodorino intero qua e là, e via in forno, già caldo a 180°, per 10 minuti con botta finale di grill e subito a tavola.

Genialata Il pesce sciabola è un pesce meraviglioso, ha un sacco di altri nomi, a garanzia di quanto sia amato in tutto il Mediterraneo: *pesce luce, spatola, bandiera, bannera, cintura…*

Ha la pelle sottilissima, d'argento, è senza scaglie, ha poche spine e un sapore delicato e neutro: è il pesce perfetto per chi non ama il pesce, per i bambini e per chi ha paura delle lische nel piatto! È la quadratura del cerchio, costa poco ed è buonissimo. Certo è bruttino, vive nei fondali bui – anche a 400 metri (ecco spiegati gli occhi e la bocca grande che ha, *è per mangiare meglio…*), ma è indomito: quando è stagione, estate, lui sale in superficie in cerca dell'amore. E lì, zac! Ci lascia la pinna e finisce in padella.

Ideona Come quasi tutte le cose di questo mondo, lo sciabola è molto buono infarinato, passato nell'uovo sbattuto e cotto con olio extra-vergine. Ma cucinata così, ormai si sa, anche la famosa *ciabatta* ha il suo perché.

Ingredienti 1 pesce sciabola sfilettato, 2 zucchini lunghi, 2 melanzane lunghe, 1 provola affumicata, 500 g di pomodorini maturi, una manciata di foglie di basilico, un mazzo di erba cipollina lunga, una ventina di pomodoretti, olio extravergine di oliva, sale e pepe nero.

74_Pollo arrosto con le patatone

Taglia a pezzetti il pollo e lavalo. Asciugalo bene e sistemalo in una terrina.

Fai il tritino di erbe, aglio, sale e pepe e buccina di limone; massaggiaci i pezzetti di pollo e fai insaporire per 10 minuti con un filo d'olio. Intanto sbuccia e fai a tocchi le patate e sbollentale per 10 minuti in acqua salata.

Ungi una teglia, rovesciaci il pollo e passa in forno caldo, a 180° per 20 minuti.

Tira fuori la teglia, rigira la carne e aggiungi le patate scolate e insaporite con qualche spicchio d'aglio e rametti di rosmarino. Rimetti in forno e fai cuocere per altri 20-25 minuti. Strizza il succo di limone sul pollo e passa sotto il grill ancora per qualche altro minuto, prima di portare in tavola.

Genialata Pollo e patate, binomio perfetto. Da noi un mito fino a qualche decennio fa, quando era il pranzo della domenica, roba da ricchi. Con gli allevamenti intensivi, a batteria, tutto cambia, in peggio, e il pollo diviene la carne più a buon mercato: dopo soli 40 giorni dalla nascita, pronto da macellare, pieno di antibiotici e mangimi a base di farine animali. Ma si susseguono varie epidemie. L'aviaria, dopo lo choc della mucca pazza, ci risveglia (forse…) dal torpore consumistico nel quale eravamo caduti.

Pollo ruspante Oggi c'è qualcosa di nuovo nell'aria, anzi di antico… Tutti, o quasi, rivogliono il pollo ruspante, bio e senza OGM. Alé, è fatta! E i nostri allevatori? Si sono adeguati alla richiesta: *mangiare è un atto agricolo*, dalla teoria si è passati alla pratica e basta cercare, oggi un buon pollo si trova. Giallo e non anemico, più caro dei 3 euro al chilo (ma che ti danno con 3 euro, io mi chiedo?), il pollo, quello buono, sta tornando a essere un oggetto del desiderio gastronomico. Pochi ma buoni. O no? La qualità della materia prima fa da cartina di tornasole alla riuscita dei piatti: non ci sono altri discorsi!

Ingredienti 1 pollo biologico allevato a terra, aglio, rosmarino, salvia, limone, sale e pepe creolo, olio extravergine; 2 kg di patate bianche.

75_Polpette

Lessa le patate e, caldissime, passale al passaverdura. In una ciotola, unisci tutti gli altri ingredienti e mischia ben bene. Con l'aiuto di un cucchiaio crea delle polpette poco più grandi di una noce, schiacciale e passale, premendo, nel pangrattato.

Metti sul fornello una padella con l'olio, portalo a temperatura e comincia a friggere le tue polpettine, scuotendole dal pangrattato in eccesso prima di immergerle nell'olio. Falle friggere qualche minuto, rigirale e poi mettile a scolare il grasso in eccesso sulla carta assorbente.

Buone calde, tiepide e fredde. Buone sempre.

Genialata La polpetta è la genialata fatta ricetta. È una delle grandi invenzioni dell'umanità, uno dei primi piatti dell'uomo civilizzato. Qualcuno aveva le sue *madeleines*, io ho le mie polpette! Tutti, ma proprio tutti, quando mangiamo, o pensiamo alle *polpette*, ritorniamo bambini, riviviamo uno stato di grazia. È la magia delle polpette.

Fino a poco tempo fa hanno avuto una brutta fama: piatto casalingo, piatto povero di recupero. Poi qualcuno però le ha sdoganate (i grandi chef, gli intellettuali) e così siamo arrivati alle polpette che ormai fanno figura anche nei pranzi importanti, proprio come le regali *polpette Pojarski*, degne ormai anche di palati fini, come pontifica il grande Marchesi. Cosa hanno in più delle nostre comuni polpette? Burro, tanto burro: burro nell'impasto e burro in padella per cuocerle. Burro.

Crudo o cotto Due le famiglie delle polpette: quella che usa ingredienti cotti (ecco la madre di tutti i ricicli); e quella che ha, come base, ingredienti crudi: carne, pesce o verdure, legati dall'uovo, aromatizzati a piacere e cucinati.

N.B. Il polpettone non è una polpetta grossa.

Ingredienti 300 g di carne macinata, 500 g di patate, 2 uova bio, 50 g di parmigiano grattugiato, tritino di 1/4 di spicchio d'aglio e un mazzetto di prezzemolo, un pizzico di noce moscata; pangrattato, olio extravergine d'oliva.

76__ "Rosbiffe" alla fiorentina

Tira fuori dal frigo la carne almeno 3 ore prima di cuocerla.

Mescola sale e pepe, pulisci l'aglio e, praticando un paio di buchi nella carne, infilaci lo spicchio e il condimento e lega ben stretto il pezzo, con lo spago, tipo salame.

Versa abbondante olio in una casseruola, metti sul fuoco allegro e fai colorire molto bene la carne da tutti i lati. Versa il liquido nell'olio, fai sfumare, abbassa la fiamma, copri col coperchio e fai cuocere 20 minuti, se ti piace al sangue rigirandolo via via, ma facendo attenzione a non bucarlo. Se ti piace più cotto aggiungi minuti di cottura.

Spengi il fuoco, tira fuori il pezzo e avvolgilo nella carta d'argento, facendolo riposare per un quarto d'ora in luogo caldo prima di affettarlo e servirlo col suo sughetto riscaldato.

Genialata Il roast beef è l'arrosto primigenio, primitivo. È quando si cuoce ma non si cucina.

Puoi cuocere il pezzo di carne anche in forno (dopo averlo rosolato però sul fornello!), valutando il tempo necessario per la cottura dal peso del tuo arrosto: *forno a tutta callara*, 250°, infilo il pezzo e abbasso a 180° e calcolo 3 minuti ogni 100 grammi… basta sapere le tabelline.

Il riposo dell'arrosto Fatti i calcoli e toccato con mano l'arrosto, sia in casseruola che in forno, a cottura ultimata deve risultare elastico al tatto. Quando avrà riposato, incartato una mezz'ora nell'alluminio al caldo, ecco che riuscirai ad avere l'arrosto perfetto: colore rosato, omogeneo, e morbido sotto i denti. Il segreto sta nel *riposo*: le fibre si ridistenderanno, e i succhi che con la cottura si erano concentrati, rifluiranno verso la periferia del pezzo.

Ideona Con un paio di fette di carne tagliate fine fine, un ciuffo di insalata, una fetta di pomodoro, una cucchiaiata di maionese e due belle fette di pane casareccio, ti fai un super panino!

Ingredienti 2 kg di lombata o scamone, o pezza di manzo, belli marezzati di grasso, 1 tazza di brodo vegetale (o vino bianco), 3 spicchi d'aglio, sale marino e pepe nero, olio extravergine d'oliva, spago da cucina.

77 __ Saltimbocca alla romana

Col retro di un coltello batti le fette di carne e, al centro di ogni fetta appoggia una fettina di prosciutto, un poco più piccola di quella sottostante, e poi una foglia di salvia. Fissali alla carne con dei semplici stecchini che dovrai ricordare di togliere quando li porterai in tavola!

Versa un paio di cucchiaiate di olio in una padella, metti sul fuoco allegro e, appena è caldo, rosola i saltimbocca dalla parte della salvia. Rigirali e fai cuocere dall'altra parte per 2 minuti. Cottura totale: 5 minuti.

Metti i saltimbocca in un vassoio, versa un dito d'acqua nella padella, fai ribollire e con un mestolo scrosta tutto l'attaccaticcio (si dice *deglassare*...); aggiusta di pepe e versa l'intingolo sulla carne.

Genialata Ecco un piatto della cucina casalinga romana che ha conquistato tutti: il nome stesso te lo dice, salta in bocca da quanto è appetitoso!

Si usano delle bracioline, fettine e non bistecche; una fetta di prosciutto, che dona sapidità e così si risparmia di sale, che fa anche male; si usa la salvia, non solo come decorazione: è una pianta aromatica che dà sapore, profumo intenso e fragrante e che contiene degli oli essenziali benefici. Qui si usa una salvia dalle foglie grandi, la *latifolia*. Col rosmarino e l'aglio forma la triade odorosa della cucina italiana.

Ma sulla carne si mette prima la foglia di salvia o la fetta di prosciutto?

In genere, per decoro, si mette prima il prosciutto e poi la salvia, pennellata verde sul rosa e si trafigge fissandola, con lo stecchino.

Se invece non vuoi sprecare tutto l'aroma della salvia, e te ne freghi dei colori del piatto, fissa la foglia sulla carne e poi coprila col prosciutto e metti lo stecchino.

Ma mi chiedo, nessuno ha mai pensato di usare due (dico due) foglie di salvia, una sotto e una sopra al prosciutto? Ecco, questa è la mia novità, una variante arricchita per te.

Ingredienti 10 fettine di fesa di vitello, 10 fette di prosciutto, 10 foglie di salvia, sale e pepe nero, olio extravergine d'oliva, stecchini.

78__Tonnetto all'elbana

Fatti assicurare dal pescivendolo che il pesce sia freschissimo, fattelo pulire e appena arrivi a casa mettilo a marinare un paio d'ore con olio, vino bianco, sale, pepe e limone.

Sgocciola il pesce dalla marinata e fai dei tagli nella polpa del pesce, fino alla spina centrale; fai un trito delle erbette e degli odori e condiscilo dentro e fuori, aggiungendo anche qualche fetta di limone.

Sbuccia le patate e tagliale a fette sottili con la mandolina. Ungi una teglia, fai uno strato di patate e sopra adagia il pesce. Condisci tutto con un filo d'olio e metti in forno già caldo a 180°.

Il tempo di cottura lo calcoli a seconda dello spessore del pesce. Deve cuocere poco, deve rimanere polposo e non asciutto, quindi considera 10 minuti ogni 2,5 cm di spessore delle sue carni. Anche qui ti consiglio, comunque, di fare la prova forchetta.

Le patate, cuocendo sotto il pesce bello condito, saranno squisite: prepari uno e pigli due…

Genialata Si chiama *tonnetto* ma è *palamita*, un altro pesce azzurro *di passo*, parente, non povero, del tonno.

Anche la palamita è buonissima conservata sott'olio.

Lungo anche 1 metro, ha una bella livrea di colore blu elettrico con quattro o cinque striature nere, e una pancia d'argento. Ha una bocca piena di dentini affilati e due occhioni da tonto. Ma non rischia l'estinzione come il tonno del Mediterraneo e quindi si può mangiare senza sensi di colpa. Anzi, lasciamo stare i tonni, rossi o gialli o come vi pare, e cominciamo a mangiare, e a mettere nelle scatolette, solo questa specie.

Questo descritto è il modo più semplice per cuocere ogni tipo di pesce arrosto; se l'esemplare fosse piccolo basta cuocerlo *al cartoccio*, usando la cartaforno per racchiudere tutto il profumo e gli umori che si formano in cottura.

Ideona Se vuoi esagerare, gli ultimi 10 minuti copri il pesce con fette di Lardo di Colonnata…

Ingredienti 1 tonnetto o 1 palamita freschissima, aglio, rosmarino, prezzemolo, alloro, finocchio, vino bianco, limoni bio, olio extravergine, sale e pepe; 2 kg di patate.

79__Tortino di cipolle

Versa la farina, il burro e l'acqua nel mixer, aziona e in un paio di minuti ti trovi un impasto morbido. Avvolgilo nella pellicola e mettilo a riposare nel frigo per 20 minuti.

Affetta le cipolle e immergile in acqua che bolle per una decina di minuti, passale sotto l'acqua fredda e asciugale con un telo. Taglia la pancetta fine fine, sistemala in un tegame e ricoprilo con acqua fredda; mettilo sul fuoco e fai bollire 5 minuti; scola e asciugala, passala in un'altra casseruola e, con un pezzettino di burro e le cipolle fai cuocere 10 minuti.

Sbatti le uova col latte, sale e pepe, aggiungi le patate crude fatte a fettine e le cipolle col resto.

Stendi la pasta, buca il fondo con la forchetta e versarci il composto.

Metti in forno caldo, 170°, per 30 minuti. Prima di sfornare comunque fai la prova "stecchino": infilato nel centro della torta deve uscire asciutto.

Genialata Il *tortino* in pratica è una frittata più ricca, in edizione "lusso". Cipolle e patate stanno bene insieme e tanti sono i piatti che le vedono protagoniste di sostanziose e saporite preparazioni casalinghe.
La cipolla lacrimogena In passato la cipolla andava forte, nell'Antico Egitto faceva perfino parte della paga! E c'era chi la usava come afrodisiaco… Vai a dirlo oggi in giro e ti pigliano per matto! È "il tartufo dei poveri", cruda o cotta insaporisce tutto, piena com'è di cose buone, vitamine A, C e B e antiossidanti a gogò.

Certo, le cipolle fanno piangere, ma sono lacrime senza pena, come sapevano bene i divi di Cinecittà e dei "telefoni bianchi"… Le cipolle però, non sono tutte uguali. A partire dal colore, bianche dorate e rosse, è nella "carica" di maggior concentrazione delle molecole lacrimogene che si differenziano e, tra i sistemi leggendari per non piangere, uno tra i pochi che funziona è… farle tagliare a qualcun altro.

Ingredienti 250 g di farina, 175 g di burro e un bicchiere d'acqua fredda; 400 g di cipolle dorate e dolci, 400 g di patate, 150 g di pancetta tagliata in una sola fetta, 3 cucchiai di burro, 6 uova bio, un bicchiere di latte, sale e pepe.

80 _ Triglie alla livornese

Versa un filo d'olio nella padella e fai scaldare. Infarina le triglie desquamate e private delle branchie, appoggiale nella padella, condiscile con sale e pepe e cuoci 2 minuti. Con una paletta rigirale delicatamente e cuoci altri 2 minuti. Leva le triglie dal tegame e, nella padella usata, metti l'aglio tritato finemente col prezzemolo e fai soffriggere, aggiungendo un filo d'olio, per un paio di minuti. Leva anche il soffritto e, nella solita padella, aggiungi i pomodori fatti a pezzetti e due foglioline di timo. Fai cuocere il sughetto, aggiusta di sale e pepe e, quando è ben amalgamato, versalo sulle triglie, che porterai in tavola con un tritino di prezzemolo e un pizzico di pepe.

Genialata Le triglie più famose, nella cucina italiana, sono quelle di Pinocchio, cucinate proprio *alla livornese* con pomodorino, aglio e prezzemolo. Esigi dal tuo pesciaiolo che siano *di scoglio*: le riconosci facilmente dalle righe dorate, che solcano il dorso e che scoprirai anche sollevando la pinna dorsale; e dalla forma della testa, non così grossa e a scalino, come hanno invece le triglie di sabbia o di fango, che son spesso di cattivo sapore. Quelle di scoglio, dette anche *beccacce di mare*, sono pregiate e qualcuno le cucina anche senza sbuzzarle: siccome non hanno fiele, quando sono freschissime sono deliziose. Vanno trattate con molta attenzione: si spappolano a guardarle! Certo non godono di buona fama perché hanno un sacco di lische, ma se te le fai sfilettare… Considera che c'è uno scarto del 60% ma arrostita o fritta, la triglia non ha rivali tra i pesci.

Ideona Sottosale: è una ricetta perfetta per le triglie! Non vanno né squamate né pulite ma appoggiate su uno zoccolo di sale grosso di 2 cm posto su una teglia, con qualche erbetta, e inumidito. Ricoprile di sale e metti in forno, 220° per mezz'ora. Spacca la crosta, spella le triglie e condiscile con un filo d'olio. Ti mangi il mare.

Ingredienti 10 triglie di scoglio da 100 g, uno spicchio d'aglio, farina, timo, prezzemolo, qualche pomodoro, olio extravergine d'oliva, sale e pepe nero.

81__ Trippa al sugo

Lava e taglia la trippa a striscioline.

Fai a pezzetti tutti gli odori e mettili a soffriggere in una casseruola con diverse cucchiaiate d'olio, rimescola via via con il mestolo di legno e, quando avranno preso colore, aggiungi la trippa, rosola per 10 minuti e poi versa nella pentola il pomodoro e il concentrato. Sempre rigirandola, fai ritirare il sughino che la trippa rilascerà e allunga con una tazza di acqua bollente. Aggiusta di sale e pepe e fai cuocere, coperto, 40 minuti.

Servila caldissima, aggiungendo una bella manciata di parmigiano grattugiato e una macinata di pepe fresco.

Genialata Con le frattaglie non ci sono vie di mezzo. Poche chiacchiere, o ti piacciono o ti fanno schifo. Artusi lo considerava, già all'epoca sua, un piatto comunque di carattere triviale e ordinario.

Cibo di strada, ripieno per panini spezzafame a pochi soldi, la trippa è uno dei pochi piatti poveri divenuti, complice la nostalgia, vera e propria specialità in alcune regioni, come il lampredotto in Toscana, la trippa alla romana, la busecca a Milano…

La trippa, che si compra già *sbiancata*, è l'insieme dei tre prestomaci e lo stomaco, vero e proprio, dei ruminanti: parti differenti, più o meno grasse e dal sapore più o meno delicato, dal diverso colore e diversa conformazione.

"Giovedì trippa, sabato gnocchi" Chissà dove saranno finiti quei cartelli che all'improvviso apparivano sulle porte delle trattorie. Una minaccia, una promessa? Dipende. La trippa non è un piatto facile. Affinché il risultato sia una sinfonia e non un chewing gum dal dubbio profumo e sapore, ci vuole sapienza e amore nel prepararla, prima, e nel cucinarla poi.

Ingredienti 1,5 kg di trippa di vitellone sbollentata (misto di croce, nido di vespa, cordone e reticolo), odori vari: cipolla sedano, basilico, 400 g di pelati, qualche centimetro di concentrato, 100 g di parmigiano, olio extravergine d'oliva, sale e pepe nero.

82__Vitello tonnato

Lega la carne molto stretta e mettila in una pentola col latte, la cipolla steccata con due chiodi di garofano e tutti gli odori, lavati e fatti a pezzi. Aggiungi una presa di sale e fai sobbollire per 50 minuti. Leva la carne dalla pentola e falla raffreddare. Rimetti sul fuoco e fai ritirare il liquido. Poi frulla tutto con il Minipimer aggiungendo anche il tonno e le acciughe. Emulsiona con olio, limone e aggiusta di sale e pepe. A questo punto, taglia la carne a fette molto sottili e coprile con la salsa tonnata, decorando infine con qualche capperino intero.

Molto più buona se la lasci in frigo per un giorno prima di mangiarla.

Genialata Questo piatto piemontese senza età è una vera sciccheria: è il piatto festivo per eccellenza nei pranzetti un poco fru fru… Eppure è un piatto semplice, che vuole pazienza e riposo.

Cavallo di battaglia nei buffet, nei pranzi in piedi, può essere buonissimo e bellissimo da vedere, ma può essere la cosa più tristanzuola e stoppacciosa del mondo. Nei pranzi delle feste non manca mai perché è piatto geniale e costa poco. Non ha stagione.

Risultato di un *melting pot*, di uno scambio di ingredienti che in Italia ha sempre funzionato, anche quando eravamo divisi in tanti staterelli: carne sabauda, zampata ligure di tonno e acciughe; capperi delle isole del Mediterraneo. Questa è la cucina italiana.

Risparmioso Ultimamente l'ho assaggiato preparato con un pezzo di lonza di maiale: era davvero molto buono.

Ideona Ma come, una salsa tonnata senza la maionese? Se proprio non ti va giù puoi fare quella *all'antica*, con le uova sode, più sicura da usare anche in estate: nel frullatore metti il tonno, le acciughe, i capperi sottaceto, 2 tuorli di uovo sodo, il succo del limone, l'olio extravergine a filo e qualche cucchiaiata del brodo di cottura per allungare questa salsa maionese speciale.

Questo non è un vecchio piatto, questo è vintage…

Ingredienti Un pezzo di vitello da 1,5 kg (magatello o noce), 1 l di latte, cipolla, sedano, carota, prezzemolo, 240 g di tonno sott'olio, 4 acciughe sotto sale, capperi sottaceto, succo di un limone, olio extravergine d'oliva, 2 chiodi di garofano, sale e pepe.

83 Babbà al rum

Scalda il forno a 180° e, per preparare dei babbà mignon come piacciono a me, imburra dei piccoli stampini cilindrici. Se preferisci farne uno solo più grosso, usa lo stampo da savarin.

In un robot, monta le uova intere con lo zucchero e aggiungi via via: la farina, il burro, il lievito e lavora fino a che non ottieni una pasta liscia e morbida.

Con questa riempi gli stampini e metti in forno per 10 minuti. Poi abbassa la temperatura a 150° e cuoci ancora 10 minuti.

Intanto prepara lo sciroppo della bagna: fai bollire per qualche minuto gli ingredienti e infine aggiungi il rum e spengi.

Appena li tiri fuori, senza togliere il babbà dallo stampino, comincia a versarci sopra lo sciroppo. Per far sì che si zuppi meglio, con uno stecchino fai dei buchini nel pasticcino e continua a inzupparlo. Aspetta 10 minuti e sforma il babbà sistemandolo nel piatto di portata. Buono soprattutto freddo, dopo che è stato almeno un paio di ore in frigo.

Puoi accompagnarlo con una cucchiaiata di zabaione e marmellata di amarene.

Se usi lo stampo grande, quello col buco, puoi riempirlo di frutta.

Genialata "C'era una volta un re…". Proprio come *Pinocchio*, l'italianissimo burattino di legno, così può cominciare anche la storia del *Babbà*: l'aneddotica vuole infatti che lo abbia inventato un re, polacco, in esilio a Parigi. E Napoli che ci azzecca? Nelle grandi famiglie napoletane, all'epoca, era di moda avere un cuoco francese…

Tu si' comme 'a nu' babbà! Non c'è complimento più bello che potrebbero farti a Napoli: vuol dire che sei un tesoro, sei una roba da sbaciucchiare, amorosa, goduriosa. Proprio come è il babà, dolce, soffice, profumato, intrigante e spiritoso, ubriaco fradicio di rum di Haiti, il migliore.

Ma *Babbà* o *Babà*? Boh!

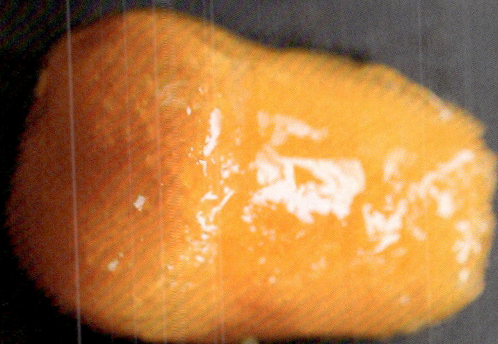

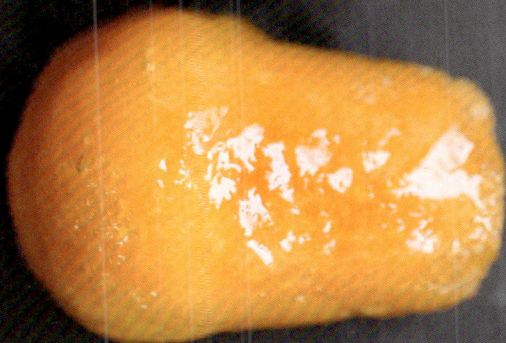

Ingredienti 100 g di zucchero, 150 g di farina 00, 60 g di burro a temperatura ambiente, 1 bustina di lievito, sale; per lo *sciroppo*: 1/2 l di acqua, 250 g di zucchero, una scorza di limone, 1 bicchiere di rum.

84___Bombolone

Lessa le patate e, ancora calde, schiacciale e fai raffreddare.

In una terrina metti tutti gli ingredienti, aggiungi il lievito sciolto in un po' di acqua tiepida con una punta di zucchero e mescola ben bene.

Rovescia l'impasto sulla spianatoia, aggiungi le patate e continua a lavorarlo energicamente con le mani fino a che non diventa elastica. Coprila con un panno e, in luogo caldo, falla lievitare fino a che non raddoppia.

Riprendila in mano e dividi la pasta ottenuta in piccoli pezzi. Con questi fai delle ciambelle col buco per i *frati* e polpette per i *bomboloni* e lasciali lievitare ancora per 2 ore e mezzo, coprendoli con un panno pulito, triplicheranno di volume.

Non ti resta che friggerli, in un tegame alto, in abbondante olio caldo, pochi per volta, perché devono avere lo spazio per gonfiarsi. Falli scolare dall'olio su carta assorbente e poi rigirali subito nello zucchero. Buoni caldi e freddi.

Genialata Bombolone, o bomba, frittella, vengon tutti dal *krapfen*. Pare che l'abbia inventato la fornaia Veronika Krapf nel '600 a Graz. È un'eredità delle invasioni austro-ungariche del passato, come il *loden*, ma almeno questa è una eredità dolce e non passa mai di moda.

Ideona Crema "Santa Maizena". Sciogli 3 cucchiai di maizena in una tazzina d'acqua. In un pentolino monta 2 tuorli con 2 cucchiai di zucchero, aggiungi 1/2 litro di latte caldo, le bucce di limone e la maizena. Metti sul fuoco e, sempre mescolando, in pochi minuti la crema sarà leggera, setosa e pronta per essere gustata.

Aggiungi 2 cucchiai di cacao: ecco la crema al cioccolato.

"Ore 17 bomboloni caldi" è il cartello che tutte le pasticcerie italiane dovrebbero esporre. È una gioia a buon mercato: basta affondare i denti nella pasta, sporcarsi il naso e il mento con lo zucchero e un salto indietro nel tempo è assicurato. È la mia *madeleine*, o almeno una delle…

Ingredienti 500 g di farina, 500 g di patate, 60 g di zucchero, 30 g di burro, 1 uovo, 1 baccello di vaniglia, 1 dado di Levito di birra, sale fino; 1 l di olio di arachidi, zucchero per rifinire.

85___Bônèt

In una ciotola sbatti le uova con lo zucchero, poi incorpora gli amaretti sbriciolati, il cacao, il rum e il latte. Non usare le fruste elettriche perché incorporeresti troppa aria e il budino alla fine risulterebbe pieno di bolle e non liscio e omogeneo.

Caramella lo stampo a cono con 3 cucchiai di zucchero e un goccio di acqua e riempilo col composto. Cuoci a bagnomaria utilizzando acqua calda e in forno a 160° per un'ora. Devi avere l'accortezza di coprire il fondo della teglia, quella con l'acqua, con diversi fogli di carta assorbente e di alluminio per far sì che lo stampo del dolce sia isolato dal calore diretto.

Togli dal forno e fallo raffreddare. Sempre dentro allo stampo, prima di capovolgerlo sul piatto di portata, passalo in frigo almeno 4-5 ore.

Servilo decorato con amaretti interi e sbriciolati.

Genialata Dolce al cucchiaio. Lo prepari con la stessa tecnica utilizzata per i *budini* e il *latte alla portoghese* che, a dispetto del nome, è italianissimo, come il *bônèt*.

È il budino tradizionale delle Langhe, cucina ricca di cioccolato e mandorle, due dei prodotti di eccellenza del Piemonte.

Mandorle Dolci o amare? Un po' come la vita: basta che di amaro ce ne sia poco… Le amare contengono l'*amigdalina* che dà origine al *cianuro*, il leggendario veleno usato negli omicidi dei gialli casalinghi.

Di contro si è scoperto che possiedono proprietà antitumorali notevoli. Quindi anche qui è solo questione di misura, come in tutte le cose: max. 2 mandorle amare al giorno.

Amaretto È anche un liquore italiano fatto con alcol e 17 elementi aromatici, ciliegie, prugne, mandorle, cacao… ed erbe. Il più famoso è quello di Saronno.

Ingredienti 1 l di latte intero, 340 g di zucchero semolato, 200 g di amaretti, 140 g di cacao amaro in polvere, 12 uova bio, 10 ml di rum.

86_ Cannoli con la ricotta

Con le fruste elettriche monta il burro con lo zucchero e poi aggiungi l'uovo, il vino, lo zucchero vanigliato e il sale. Versa la farina, lavorala ben bene e falla riposare, coperta, due ore.

Tira una sfoglia sottile, ma non troppo, ritaglia dei quadrati di 10-12 cm e avvolgili a rombo intorno ai cannelli unti col burro. Per saldarlo sovrapponi le due punte opposte dei quadrati precedentemente spennellati con l'uovo sbattuto.

Fai scaldare l'olio nella padella, friggi pochi cannoli per volta e falli scolare sulla carta.

Per preparare il ripieno metti come prima cosa a scolare la ricotta, poi mescola tutto insieme e monta con le fruste. Trasferisci il composto nella sacca da pasticciere e metti in frigo.

Farcisci i cannoli solo poco prima di mangiarli con una spolverata di zucchero a velo; decora con una scorzetta di arancia candita, o una ciliegia o il trito di pistacchi.

Genialata Ecco un altro dolcino nato nelle cucine delle monache di clausura siciliane, che gira gira mi sa erano molto golose... Tipici del periodo di Carnevale, oggi si trovano in tutte le pasticcerie italiane tutto l'anno e grazie ai nostri emigranti ha salpato i mari, è arrivato in terre lontane e ha conquistato tutti.

Il cannolo Lo strumento indispensabile in questa ricetta è un tubo di dimensioni varie che deve essere di latta con gli orli avvicinati e non saldati.

Ideona Hai poco tempo, poca voglia di fare? E allora compra i cannoli, vuoti, in pasticceria o al supermercato: l'industria dolciaria ne fa di decenti, croccanti e saporiti, già confezionati come i biscotti. Tu devi soltanto riempirli all'ultimo momento con dell'ottima ricotta condita e tutto il resto.

Ingredienti 150 g di farina 00, 25 g di burro a temperatura ambiente, 25 g di zucchero, 1 uovo, 1 bicchierino di vino bianco secco, 2 cucchiaiate di zucchero vanigliato, 1 pizzico di sale, 1 uovo sbattuto, olio di semi di arachide, zucchero a velo; *ripieno*: 500 g di ricotta di pecora freschissima, 120 g di zucchero. 100 g di cioccolato fondente al 70%, 50 g di scorze d'arancia candita, 2 cucchiai di acqua di fiori d'arancio, pistacchi, ciliegie candite e olio di arachide; cannelli di metallo.

87_Ciambellone

Se non hai la planetaria (proprio come non ce l'ho nemmeno io, sic!), prendi una grossa ciotola e versaci: la farina, lo zucchero e il lievito. Con le dita crea un buco in mezzo e aggiungi l'olio, i tuorli, il latte, la scorzina del limone, i semini e la polpina del baccello di vaniglia, infine un pizzico di sale.

Dagli una prima mescolata con un cucchiaio e poi, aiutandoti con le fruste elettriche, amalgama gli ingredienti fino ad avere un composto liscio e omogeneo. Considera che dovrai farlo per 7-8 minuti.

Sciacqua le fruste ben bene e monta gli albumi a neve col cremor tartaro. Unisci i due composti delicatamente e versa in una tortiera col buco non imburrata e cospargi di granelli di zucchero la superficie.

Cuoci in forno caldo a 160° per 50 minuti e poi alza la temperatura a 175° per altri 10 minuti. Togli dal forno e fai raffreddare il ciambellone capovolto infilato con lo stampo e tutto nel collo di una bottiglia di vetro.

Genialata Ciambellone, ciambella bolognese, pugliese, bussolà lombarda, torcolo umbro, *cucciddàtu* siciliano, buccellato di Lucca: sono tutti dolcetti casalinghi nati dalla stessa idea primigenia che nell'antica Roma già si sbocconcellava.

Il buco Tutte le ciambelle lo devono avere e il motivo è molto semplice: lievitano e cuociono meglio anche al centro dove potrebbero rimanere molli.

Ideona Bicolore. Prova a dividere l'impasto in due e in una metà aggiungi del cioccolato.

La morte sua È inzuppare una fetta di ciambellone in un bicchierino di vino dolce. In Italia ne abbiamo da benedire e santificare (anche i preti lo sanno...): puoi scegliere tra *vini dolci naturali, a vendemmia tardiva, muffati, vini liquorosi o aromatizzati*. E, allora, a seconda del gusto, e del portafoglio che ti ritrovi, puoi scegliere tra moscati, passiti, vinsanti, malvasia, recioto, ramandolo, marsala e vermuth.

Ingredienti 285 g di farina, 300 g di zucchero, 6 uova bio, 200 ml di latte, 120 ml di olio di semi di mais, 1 bustina di lievito, 1 bustina di cremor tartaro, la scorza di un limone bio e zucchero in granelli.

88_Crostata

Per prima cosa fai la pasta frolla: impasta tutti gli ingredienti brevemente e con le mani, freddandole di tanto in tanto in acqua e ghiaccio, fino a formare una palla che poi metti, coperta, in frigorifero per un'oretta. Puoi usare anche un mixer azionandolo a impulsi proprio per non scaldare l'impasto.

Intanto prepara la farcia: monta brevemente le uova intere con lo zucchero, aggiungi la ricotta e la sambuca e mescola con una frusta fino a ottenere un composto bello liscio.

Stendi la pasta con un mattarello, dagli una forma tonda e depositala nella teglia ricoperta di cartaforno. Ritaglia la pasta superflua e ricorda di tenerne da parte un po' per la decorazione finale.

Sul fondo distribuisci la marmellata e copri con l'impasto di ricotta. Volendo puoi spennellare di marmellata o mettere un altro strato di pasta frolla.

Nel primo caso decora con la classica grata, tanti bastoncini di pasta appoggiati e incrociati sulla marmellata e, infine, con i rebbi di una forchetta, fai le ondine di ordinanza tutte intorno.

In forno a 170° per 45 minuti. È buona appena tiepida ma ancora meglio fredda.

Genialata La marmellata di visciole è quella più usata nelle crostate. Le visciole sono frutti selvatici, parenti povere delle ciliegie. Non adatte a essere mangiate crude, sono amare e acide, se ne ricavano da sempre delle marmellate speciali. Questa crostata tradizionale ebraica si cuoce nei forni del Ghetto a Roma. La ricotta fa parte di quei cibi che dall'antichità hanno deliziato l'uomo: se immagino il dolcino del trapassato remoto lo vedo fatto con ricotta, miele e frutta… proprio come questo.

Ideona Frolla con l'olio. Si fa nella medesima maniera solo che con i 300 g di farina si mettono 100 g di zucchero, 100 g di olio d'oliva, 1 uovo e un tuorlo, la scorza del limone, un pizzico di sale e un paio di cucchiaiate di acqua fredda: il colesterolo ringrazierà e il gusto non rimpiangerà.

Ingredienti 300 g di farina, 150 g di zucchero semolato, 150 g di burro, 3 tuorli, un pizzico di sale, la scorza di un limone bio. Per la farcia: 350 g di marmellata di visciole (amarene), 500 g di ricotta di pecora, 150 g di zucchero semolato, 2 uova bio, 1 bicchierino di sambuca.

89___Dolcetti da inzuppo

Cantucci In una terrina, amalgama tuorli, uova, zucchero, miele, olio, buccia di limone e i semi di vaniglia.

Versa a fontana la farina, unisci il lievito e il composto di uova, lavorando questa pasta il meno possibile.

Sulla spianatoia, con la pasta, fai dei sigaroni e sistemali nella teglia con la cartaforno. Spennellali con uovo misto a latte e inforna a 180° per 30 minuti.

Togli dal forno e fai intiepidire. Affetta i biscottini dello spessore di 1 centimetro e mettili a *bis-cottare* in forno caldo per alcuni minuti.

Ciambelle Rovescia la farina a fontana: nel cratere metti le uova, lo zucchero, l'olio, pochi semi di anice e il vino. Lavora fino a che non avrai il composto liscio e morbido. Fai tante ciambelline piccole piccole, con un grosso buco nel mezzo, passale nello zucchero e sistemale nella teglia. Cuoci a 160° fino a che non diventano belle colorite.

Genialata In trattoria, nessun pasto che si rispetti finisce senza un giro di biscottini inzuppati nel vinsanto o nel vermuth.

I *cantuccini* hanno anche un nome e un cognome, Antonio Mattei, da Prato, che li inventò per l'Expo di Parigi del 1867. La "premiata" ditta Mattei è ancora attiva e sforna quintali di cantucci tutti i giorni.

Le *ciambelline* sono invece figlie di N.N. e ognuno ci ha messo del suo! C'è chi le fa col Mistrà, il liquore all'anice, chi col vino liquoroso, chi col vino bianco: sono gli *anicini sardi* proposti con la Vernaccia, le *ciambelline campagnole abruzzesi*, le *ciambellette* del Lazio (fatte senza uova però), quelle di Cantiano delle Marche, quelle di Aosta (col limone al posto del vino) e chissà quante altre.

Caratteristica comune a tutte le ciambelle d'Italia? Il buco.

Ingredienti **Cantucci** 300 g di farina, 200 g di zucchero, 200 g di mandorle tostate, 50 g di miele, 4 tuorli, 2 uova, una bustina di Levito, 2 cucchiai d'olio extravergine, un limone bio, un baccello di vaniglia. **Ciambelle** 500 g di farina, 5 uova bio, 170 g di zucchero, 60 g di olio di oliva, un bicchiere di vino rosso, semi d'anice e zucchero.

90_ Gelato alla crema

Abbassa al massimo il freezer e inserisci una ciotola di metallo e le fruste d'acciaio.

In un pentolino mescola i tuorli con lo zucchero, poni a scaldare il latte insieme alla vaniglia, senza farlo bollire e versa, piano piano, a filo, il latte sui tuorli, mescolando di continuo. Rimetti sul fuoco e, sempre girando, fai rapprendere. Lascia raffreddare, poi filtra la crema con un colino a maglie fitte e aggiungi la panna fresca, gli albumi montati a neve e mescola con la frusta.

Tira fuori dal freezer la ciotola e versaci la crema, ma non riempirla, perché la crema gelando aumenta di volume.

Copri e rimetti in freezer. Dopo la prima ora il gelato avrà cominciato a indurirsi: ecco ora devi, ogni mezz'ora, mescolare o frullare il composto a bassa velocità, per rompere i cristalli di ghiaccio che si formeranno e fargli incorporare aria, affinché risulti alla fine cremoso e ben mantecato. Questo giochetto devi farlo almeno 6 volte.

Mezz'ora prima di servirlo trasferiscilo dal freezer al frigo.

Genialata Il gelato non l'ha inventato il signor Algida ma, ancor prima del Buontalenti, un cuochetto nel 1500 a Firenze, tale Ruggeri che preparò *il piatto più singolare che si fosse mai visto*: un sorbetto, per Caterina de' Medici.

Ideona Ce n'è per tutti i gusti! *Al cioccolato*: alla dose del gelato di crema, sempre prima di metterlo nella ciotola, vanno aggiunti 250 g di cioccolato fondente… fuso. *Al caffè*: prepara il gelato come sopra, però quando la crema è pronta, e ancora calda, aggiungi una tazzina di caffè ristretto. *Alle nocciole*: prepara il gelato come sopra ma prima diluisci 300 g di crema di nocciole con il latte caldo. *Allo zabaione*: alla dose di gelato sostituisci il latte con la stessa dose di vinsanto. *Alla frutta*: alla dose di crema, prima di metterlo nel freezer, aggiungi mezzo chilo di purea di frutta.

Ingredienti 6 tuorli, 160 g di zucchero, 700 ml di latte, 400 ml di panna, 2 albumi, 1 baccello di vaniglia.

91_ Gelo e sorbetto

Cocomero Frulla l'anguria, passa la polpa al setaccio e raccogli il succo in un tegame.

Sciogli l'amido in un bicchiere di acqua fredda e, con lo zucchero, aggiungilo al cocomero e fai addensare, su fuoco basso, sempre mescolando fino a che non raggiunge il bollore. Spegni e fai intiepidire: metti nei bicchieri e in freezer mezz'ora.

Limone Raffredda una ciotola di acciaio nel freezer.

In un pentolino versa acqua e zucchero, fai sciogliere, metti sul fuoco e fai bollire 5 minuti.

Togli dal fuoco e fai raffreddare.

Strizza il succo dei limoni e aggiungilo, con qualche filino di scorza, nell'acqua. Aggiungi il mascarpone e mescola. Tira fuori dal freezer la ciotola, versa il composto, chiudi con la pellicola e rimetti in congelatore. Sbattilo un paio di volte con la forchetta (ogni mezz'ora). Sistema nei bicchierini e servi ghiacciato.

Genialata Ecco come scegliere un cocomero buono e dolce, maturo ma croccante con un sistema infallibile: prendine uno pesante, con buccia opaca, colpiscilo con le nocche e ascolta se il suono è pieno e sordo *toc, toc, toc...* se sì, compralo.

Citrullina Buffo nome per il suo aminoacido più generoso che rigenera i tessuti. "Sfondarsi" di anguria non solo disseta ma fa benissimo e non ingrassa visto che, per il 90%, il cocomero è solo acqua.

Limone Ecco il tesoro del nostro Meridione: frutto speciale milleusi che, con poco lavoro e un po' di... energia elettrica, si trasforma nei mitici, dissetanti, digestivi e rinfrescanti fine pasto.

È sempre buono e di stagione: *primofiore, bianchetto, verdello* una fabbrica di salute a costo zero, approfittiamone...

Ingredienti **Cocomero** 1 kg di polpa di cocomero, 70 g di frumina, amido di frumento, 70 g di zucchero semolato, 1 bicchiere di acqua. **Limone** 250 ml di succo di limoni bio, 250 ml di acqua, 250 g di zucchero, la scorza del limone, 1 cucchiaio di mascarpone.

92___Gubana

Ricetta da due giorni.

Il primo giorno, trita grossolanamente le noci, le nocciole, le mandorle e prepara il ripieno: in una ciotola mescola il trito, i pinoli, l'uvetta, le scorzette di frutta candita, la buccia grattugiata degli agrumi. Aggiungi 1 bicchiere di grappa e tieni da parte 2 ore il ripieno affinché abbia il tempo di ammorbidirsi e aromatizzarsi ben bene.

Il secondo giorno scola e metti a soffriggere in 30 g di burro; lascia intiepidire.

A questo punto, su un canovaccio da cucina infarinato, stendi la pasta sfoglia a forma di rettangolo, spalmaci su il ripieno e arrotolala. Adagia il serpentone sulla placca ricoperta di carta da forno dandogli la classica forma a chiocciola, a spirale. Spennella la superficie con uovo e burro e cospargi di zucchero semolato. Cuoci in forno caldo a 180° per circa 40 minuti. Affettala solo quando si è raffreddata.

Genialata Dolce da mito: ad Aquileia si favoleggia che sia stato offerto nel 1409 per un banchetto in onore di papa Gregorio XII, con l'intento di propiziare e far ritrovare l'unione della Chiesa cattolica, in quel periodo divisa in "obbedienza romana" e "obbedienza avignonese" dopo il Grande scisma d'Occidente. Niente da fare, nemmeno la dolce gubana riuscì a convincere all'unione quel papa pusillanime e nepotista. Peggio per lui.

Ideona La gubana è un dolce che si conserva a lungo, anche più di un mese. Per rendergli una spinta di gusto, e non avere l'idea di mangiare una roba stantia, vista e rivista, quando è rafferma, tagliala a fette e sistemata inzuppala, irrorala di grappa e cospargila di zucchero semolato. Rimetti in forno a 160° per un'ora.

Se ti avanza un po' di ripieno puoi farci delle frittelline, che in Friuli si chiamano *strucchi*.

Ingredienti Una pasta sfoglia fatta con 300 g di farina; *ripieno*: 100 g di uvetta, grappa o acquavite di prugne qb, 65 g di mandorle spellate, 75 g di nocciole, 150 g di noci, 60 g di uvetta sultanina, 30 g di arancia candita, 30 g di cedro candito, 15 g di pinoli, 3 fichi secchi, 3 prugne secche, 40 g di burro, 1 limone bio, 1 arancia bio e 1 uovo.

93_Meringhe

In una ciotola, con le fruste elettriche, inizia lentamente a montare gli albumi avendo l'accortezza di controllare che non ci sia traccia alcuna di grasso; aggiungi lo zucchero e il succo di limone solo quando il volume degli albumi sarà quadruplicato. Continua a montare alla massima velocità fino a che non avrai ottenuto un composto lucido, sodo e brillante, la meringa.

Trasferiscila in una sac à poche con una bocchetta liscia o dentellata e, foderata una teglia con la cartaforno, distribuisci il bianco composto a ciuffetti della grandezza di un uovo; metti in forno caldo a 85° per 3-4 ore con lo sportello socchiuso: devono asciugare e rassodare quindi nel forno non deve esserci umidità. Un forno ventilato in questo caso è consigliabile.

Le meringhe lasciate raffreddare e messe in una scatola di latta, o in sacchetto a chiusura con cerniera, rimangono buone, bianche, leggere e friabili, anche per 20 giorni.

Genialata A seconda della bocchetta che metti nella sacca da pasticciere, con la meringa puoi ricavare dolcetti di foggia diversa, grandi o piccini: anelli, bastoncini, rosette, funghetti. Libera la fantasia, questi sono dolcetti che si sciolgono in bocca, ma sono anche indispensabili per la confezione di cassate, semifreddi, e spumoni.

È bellissima, e buonissima, quando la usi a ciuffi, a batuffoli, come copertura delle crostate che poi tornano in forno a colorirsi.

Il sale La leggenda che si deve usare un pizzico di sale fino nella chiara montata a neve va sfatata! L'uso del sale è proprio una delle cause della sua instabilità. Ormai con le fruste elettriche basta qualche goccia di limone per stabilizzare e non far gemere il liquido in cottura.

Ingredienti 150 g di albumi (sono 4 uova), 150 g di zucchero semolato, 150 g di zucchero a velo, 2 cucchiaini di succo di limone.

94__Montblanc con cuore glacé

Passa i marroni al passaverdure, mettili in una ciotola e, quando sono freddi, mescolando con cura, unisci: lo zucchero, il cacao amaro in polvere, i semini di vaniglia, un paio di meringhe sbriciolate e il rum. Sigilla e metti in frigo.

Al momento di servire il dolce, tira fuori dal frigo la panna e montala a neve insieme a un paio di cucchiai di zucchero a velo. Prendi il composto di marroni e dividilo a metà: una parte la mescoli alla panna. Prendi i piattini di servizio e metti in ognuno una cucchiaiata di panna e un marron glacé e sopra un paio di cucchiai di composto a cui darai una forma sferica e ricopri diligentemente tutto con i *vermicelli* di castagne, che non sono altro che i filini dei marroni lessi che escono dal passaverdura.

Genialata Questa ricetta, semplificata e corretta, del tradizionale Montblanc, me l'ha involontariamente suggerita Nanni Moretti nel suo film *Bianca*: "Lei non mi faccia il tunnel, lei mi sta scavando sotto e mi toglie la panna. La castagna da sola, sopra, non ha senso. Il Montblanc… si regge su un equilibrio delicato". La castagna sopra sta da sola e la panna dentro. Nanni, gran regista, è un attento goloso. **Castagne o marroni?** C'è una differenza abissale: le castagne sono i frutti della pianta selvatica e in ogni riccio ce ne sono tre; il marrone è il frutto della pianta innestata e in un riccio ce n'è una sola.

Ma non è solo questione di chi lo fa più grosso, e più buono. È che nel marrone c'è zero penetrazione nella polpa, della seconda buccia, noiosa, amara e pelosetta.

Ideona Non hai voglia di sbucciare le castagne o non è stagione? No problem. Prendi un barattolo di conserva di marroni, rovescialo in una zuppiera e mischiala a panna montata, meringhe sbriciolate e pezzi di marron glacé. Decora con ciuffi di panna e violette candite. Passa in frigo.

Ingredienti 500 g di marroni lessati e sbucciati, 100 g di zucchero a velo, un baccello di vaniglia, 1/2 bicchiere di rum, 60 g di cacao amaro, 1/2 litro di panna, qualche meringa, qualche marron glacé.

95__Nutellazza

Nel mixer trita a bassa velocità le nocciole e lo zucchero, fino a ridurle in farina.

Aggiungi tutto il cioccolato fatto a pezzetti e lavora ancora un po' a impulsi.

Intanto in un tegame antiaderente versa il latte, l'olio e i semini di vaniglia. Metti sul fuoco bassissimo, gira continuamente e, senza mai arrivare a farlo bollire, aggiungi l'insieme di cioccolata e nocciole e cuoci ancora per 5 minuti, sempre mescolando.

Trasferisci il composto in un barattolo, tappa e, se ci riesci… conserva in alto, in frigo.

Genialata La Nutella è intoccabile: è essa stessa una genialata.

E con questa mia non voglio certo fare concorrenza alla crema di cioccolato gianduja inventata ad Alba, dal signor Michele Ferrero negli anni '60, quella che ha conquistato il mondo in compagnia della Coca-Cola.

Già, *che mondo sarebbe senza Nutella?* magari più magro ma sicuramente più triste!

Nutella Ricetta segretissima, uno dei prodotti italiani più conosciuti all'estero, al pari di: Ferrari, pasta, pizza, maccheroni, Pausini, Bocelli, Caruso, Domenico Modugno, Berlusconi, papa, gelato, Prada, Valentino, Dolce & Gabbana, Armani, pesto, ragù, mafia, agrumi, Leonardo, caffè e Campari… si chiama Made in Italy, inimitabile.

Cioccolismo È una malattia che colpisce soprattutto le donne, almeno l'1%: crea dipendenza dal cioccolatino, ti scatena una bramosia incontenibile. Ne sono affetta perché quando ho della cioccolata in casa non ho pace fino a che non l'ho mangiata tutta, ma almeno i miei radicali liberi sono messi a dura prova! E la scossa che ti dà quando la mangi? Colpa della feniletilamina e teobromina, cugine buone dell'anfetamina, tutta roba che si scatena nel cervello degli innamorati. Un pezzo di cioccolata da usare come antidepressivo euforizzante.

Ingredienti 150 g di nocciole tostate, 200 g di cioccolato fondente e 100 g al latte, 150 g di zucchero, 160 g di latte, 90 ml di olio di semi, semini di vaniglia.

96__Pandolce

Mescola la farina con il lievito sciolto nel latte tiepido, aggiungi l'olio, lo zucchero e l'acqua di fiori di arancio. Passa su una spianatoia e lavora a lungo.

Aggiungi i canditi, l'uvetta, le noci, i pinoli e il sale.

Fanne una pagnotta, coprila con un telo e lasciala a lievitare, in un luogo tiepido e asciutto, per 12 ore. Dopodiché lavorala un'altra volta e sistemala in uno stampo tondo dai bordi alti. Incidi la pasta con un taglio a triangolo e mettila a lievitare ancora fino a che non è raddoppiata di volume. Cuoci in forno caldo a 190° per un'ora.

Falla raffreddare e, *dulcis in fundo*, portala a tavola col ramoscello di olivo vicino.

Genialata Questa è *una* delle tante ricette del *pandolce genovese*, pane "speciale" che si prepara a Genova per onorare il Natale.

Quando un piatto diventa universale, anche le sue versioni si moltiplicano, e allora c'è chi ci mette il burro al posto dell'olio, chi i semi di anice e chi il Marsala, chi lo fa "alto" e chi "basso".

Somiglia davvero tanto tanto al *panettone milanese* (il pandolce magari ha una pasta più compatta e ha molta più frutta candita), ma si mangia tutto l'anno perché sta davvero bene con i salumi e i formaggi saporiti.

Genovesi tirchi? Una balla. Il bello di questo dolce antico, mitico e per nulla povero, è che il giorno di Natale, il più giovane della famiglia, infila nel dolce un ramoscello di olivo. Il più vecchio di casa invece, mentre dice "Megiu crescè che a-mancà", lo fa a fette, e la prima la mette da parte per il povero che potrebbe bussare alla porta…

La seconda invece la serba per il 3 febbraio, per S. Biagio protettore della gola: la famiglia la mangerà per prevenire i malanni. E il resto delle fette? Se le pappano tutte.

Ingredienti 500 g di farina, 250 g di uva zibibbo, 180 g di zucchero, 120 g di zucca e cedro canditi, 100 g di noci, 30 g di pinoli, 50 ml di olio extravergine, 50 ml di latte, 1 baccello di vaniglia, 50 g di lievito di birra, 10 gocce di acqua di fiori d'arancio, un pizzico di sale e un rametto di olivo.

97__Panna cotta

In un pentolino fai sobbollire per 3 minuti tutti gli ingredienti tranne l'agar-agar. Il baccello di vaniglia devi inciderlo per lungo.

Togli dal fuoco e fai raffreddare. Filtra il liquido attraverso un colino a maglie fitte e aggiungi l'agar-agar che avrai sciolto in un po' di latte freddo.

Rimetti sul fuoco a fiamma bassa e, mescolando con un mestolo, fai sobbollire nuovamente per 2-3 minuti.

Versa nei bicchierini, o in uno stampo unico, e fai freddare in frigo.

La panna cotta la puoi servire nel modo classico, con il caramello o con la confettura, con il coulis di frutta fresca o nel modo più goloso, con la cioccolata. Io voto per il caramello, che con la sua nota amarognola e col suo colore scuro, equilibra bene il dolcione bianco della panna.

Genialata Bello e possibile. Dolce che nasce come un budino alla panna, un dessert al cucchiaio facile facile che la leggenda vuole nato in Piemonte. Oggi è forse il dolce italiano più conosciuto al mondo, assieme al tiraminsù (vd. scheda 103). Qui niente colla di pesce ma il più naturale *agar-agar*, un'alga, un vegetale ricco di minerali, senza sapore che, come per magia, rende qualsiasi liquido mangiabile col cucchiaio. Sbizzarrisciti e rendi solido, morbido e vellutato tutto quello che ti passa per la mente.

L'*agar-agar* va sciolto nel liquido bollente. Spengi e si solidificherà a temperatura ambiente, non ha bisogno di frigo. Dosi: bastano 4 g per 1/2 l di liquido e la puoi anche tagliare a dadi. La vuoi più cremosa? Dimezza la quantità di *agar-agar*. È l'E406 delle etichette industriali.

Ideona Caramelline e gelée? Frulla 500 g di fragole mature, aggiungi una spruzzatina di succo di limone, 40 g di zucchero o malto di riso, 2 g di agar-agar in polvere e mescola. Metti sul fuoco e fai bollire. Cuoci 2 minuti e spengi. Bagna uno stampo, versaci il composto e fai raffreddare. Taglia e incarta.

Ingredienti 600 ml di latte intero, 400 ml di panna fresca, 140 g di zucchero semolato, 2 scorze di limone bio, 2 scorze di arancia bio, 1 baccello di vaniglia aperto, 5 g di agar-agar in polvere.

98__Pignolata messinese

Sbatti i tuorli con l'alcol, aggiungi un po' per volta la farina e lavora fino a ottenere un impasto bello liscio. Stendi con le mani la pasta sulla spianatoia infarinata formando dei grissini grossi un pollice, e tagliali in tocchetti lunghi 2 centimetri circa.

Friggili un po' per volta in abbondante strutto caldo rigirandoli fino a farli dorare e poi falli scolare su carta assorbente.

Fai intanto *la glassa nera*: in un pentolino sciogli il burro e, poco per volta, lo zucchero, i semini di vaniglia, il cacao setacciato e l'acqua versata a filo. Fai intiepidire.

Per *la glassa bianca*: versa lo zucchero in un pentolino e, a fiamma molto bassa, fai filare; quindi versalo in una terrina e unisci, poco per volta, gli albumi montati a neve. Gira con un cucchiaio e versa piano piano il succo dei limoni e un po' di buccia grattugiata fino a ottenere una glassa bianca e morbidosa.

Dividi in due parti la pasta fritta e immergi la prima metà nella glassa al cioccolato tiepida e l'altra in quella al limone. Sistema le due porzioni di pignolata in una terrina rettangolare a bordi bassi, una accanto all'altra senza mescolare i due gusti, in modo da formare una mattonella bicolore che modellerai con le mani bagnate. Fai asciugare ben bene le glasse in frigo prima di servirla.

Genialata La Pignolata è il dolce del cuore dei messinesi. Da dolce di Carnevale è diventato il dolce della domenica e tutte le migliori pasticcerie della città si contendono la palma a chi lo fa più buono: qualcuno invece di friggere i tocchetti di pasta, li cuoce in forno con un poco di strutto, giusto quel tanto che serve per ungere lo stampo. Se ne fa una versione col miele al posto della glassa anche in Calabria, la *cicerata*.

Ingredienti 1 kg di farina 00, 12 tuorli d'uovo, 100 ml di alcol puro per dolci, strutto per friggere qb. *Per la glassa al cioccolato*: 300 g di zucchero a velo, 300 g di cacao amaro, 200 ml di acqua di gelsomino, 150 g di burro. *Per la glassa al limone*: 400 g di zucchero a velo, 4 limoni bio, 4 albumi d'uovo.

99__Salame dolce

Sigilla i biscotti in un sacchetto per surgelati e con il batticarne "fanne stoppa", come si dice a Firenze, cioè tritali grossolanamente.

Con le fruste monta i tuorli con lo zucchero fino ad avere una crema spumosa e bianca, alla quale aggiungerai, piano piano, il burro.

Continua a lavorare il composto e incorpora il cacao setacciato e i biscotti spezzettati mettendo a questo punto "le mani in pasta". Aiutandoti con la cartaforno nella quale lo avrai adagiato, dai al composto la forma di un cilindrone. A questo punto chiudilo nella carta e legalo con lo spago, proprio come si fa con un salame.

Mettilo in frigorifero a raffreddare un paio di ore e servilo tagliato a fettine, spolverato di cacao amaro e zucchero a velo. Va accompagnato da un buon bicchierino di Vermut o di Marsala.

Genialata Il *Salame del Papa* è un dolcino che si faceva dalle parti di Alessandria durante il periodo pasquale.

Oggi è uno dei dolci più gettonati nelle famiglie d'Italia perché è facile da preparare, fatto com'è con ingredienti che tutti hanno a disposizione.

È un dolce da bambini Non c'è nessun rischio di bruciarsi, né di tagliarsi.

Vietato ai minori Se non ci sono bambini, ti consiglio la versione V.M. 18: aggiungi un paio di bicchierini di rum nel momento in cui si montano le uova con lo zucchero. Il rum deve essere buono. Qui il discorso del "chilometro zero" va a farsi benedire. Ho chiesto in giro e pare che quelli di Haiti, Barbados e Martinica siano i migliori, invecchiati almeno 5 anni e con una gradazione di 40°.

Ideona Il *bianco e il nero* (come il brutto e il bello, il facile e il difficile, il lieto e il triste, il necessario e l'inutile): basta che prepari 2 salami, uno lo spolveri di cacao e l'altro di zucchero a velo, uno alcolico e l'altro pure!

Ingredienti 4 tuorli d'uovo bio, 200 g di zucchero semolato, 250 g di burro fuso ma tiepido, 4 cucchiai di cacao amaro, 350 g di biscotti secchi tipo marie (per capirsi gli Oro Saiwa!).

100__ Sbrisolona

In una ciotola mescola le due farine, lo zucchero, le mandorle tritate finemente, i tuorli, la scorza del limone. Incorpora il burro ammorbidito e lavora sulla spianatoia.

Il composto deve risultare granuoloso e lo farai cadere a pioggia, "sbriciolandolo" con le dita, in una tortiera imburrata; ricopri, infine, la torta con le scagliette di mandorle. Inforna a 180° per un'ora e, tirata fuori dal forno ma ancora nello stampo, con un coltellino incidila a rombi e falla raffreddare. Una spolverata di zucchero a velo ed è pronta per essere conservata in una scatola ben sigillata anche 20 giorni.

Da sempre questa torta si accompagna con un bicchierino di vino dolce o con la crema di mascarpone profumata alla cannella, all'antica.

Genialata Crema di mascarpone: 500 g di mascarpone di qualità, 4 uova, 100 g di zucchero semolato, mezzo bicchiere di cognac, zucchero a velo, un pizzico di cannella. Con le fruste elettriche monta a neve fermissima, prima le chiare dell'uovo con un paio di cucchiai di zucchero a velo e la presa di cannella, poi monta i tuorli con lo zucchero semolato. Unisci i due composti e aggiungi poco per volta il cognac e il mascarpone. Metti in frigo e servi un cucchiaio di crema sulla fetta di sbrisolona.

Sbriciolona, sbrisolina, sbrisolada, sbrisulona… Questi, e altri, i nomi di una torta che riesce sempre bene a tutti. Infatti quello che parrebbe a prima vista un difetto è il suo pregio, il suo bello: si deve sbriciolare, rompere e disfare quando la tagli e la mangi.

È originaria del Mantovano, ma come tutte le cose buone ha conquistato alla svelta l'Italia intera.

Ideona L'idea sprint della sbrisolona di Marco Bardesi pasticciere: mescola insieme nel mixer 200 g di farina di mandorle, 200 g di farina biscotto, 200 g di zucchero, 50 g di mandorle a scagliette, 220 g di burro e fai cuocere a 160° per circa 20 minuti.

Ingredienti 150 g di farina gialla, 200 g di mandorle spellate, 250 g di farina biscotto, 200 g di zucchero, 220 g di burro, 2 tuorli d'uovo, 1 limone bio, una manciata di mandorle a scaglie per decorare.

101__ Sfogliatelle

Lavora ben bene la farina con 110 g di burro e gli altri ingredienti e, coperta da un canovaccio, fai riposare la pasta per un'ora in luogo tiepido.

Col matterello tirala più fine che puoi, spennellala con gli altri 110 g di burro fuso, arrotolala stretta e mettila a riposare in frigo avvolta nella cartaforno. Dopo una decina di minuti taglia dalla pasta dei dischi di 1 centimetro e rimettili ancora in frigo.

Intanto in un pentolino cuoci il semolino con 500 ml di acqua e un pizzico di sale. Togli dal fuoco e, sempre mescolando affinché non faccia grumi, unisci lo zucchero, la ricotta, i semini della vaniglia e i canditi e fai freddare.

Tira fuori i dischi, deposita una cucchiaiata di ripieno, spennella i bordi col latte, ripiega delicatamente la pasta sul ripieno e sigilla. Spennella le sfogliatelle con il tuorlo, appoggiale nella teglia sulla cartaforno e cuoci per 20 minuti a 200° e per altri 15 minuti abbassando la temperatura del forno a 160°. Goditele ancora tiepide.

Genialata *Napoli tiene tre cose belle: 'o mare, 'o sole 'e sfugliatelle!* Tante e meravigliose le poesie e le canzoni sul mare e il sole di Napoli. Ma la sfogliatella? Intanto, riccia, frolla o "santarosa"?

Io vi ho dato la ricetta per quella *frolla*, ma voterei per la *riccia*, a forma di conchiglia triangolare. *Spin off* della santarosa (la più buona, croccante e morbida al tempo stesso), anche se è parecchio più complicata a farsi come Dio comanda. Già, perché questa è una ricetta nata tra le mura del convento delle suore di clausura di Santa Rosa, ad Amalfi, posto speciale per parlare con Nostro Signore… 1600, le monache annusano l'affare e si mettono a produrre e vendere i dolcetti. Un successo eterno nei secoli dei secoli.

Ingredienti 400 g di farina biscotto, 220 g di burro a temperatura ambiente, 50 g di zucchero semolato, 1 pizzico di sale; *per il ripieno*: 250 g di ricotta di pecora, 160 g di semolino, 180 g di zucchero a velo, 1 tuorlo, 1 baccello di vaniglia, una manciata di canditi se piacciono, acqua di fiori d'arancio qb e un bicchiere di latte.

102 ____ Strudel di mele

Disponi la farina a fontana e impasta tutti gli ingredienti. Fai un panetto e, coperto con un asciughino umido, fai riposare un'ora.

Intanto sbuccia le mele, affettale sottili e mettile in una ciotola con l'uvetta, i pinoli, la scorza del limone, la cannella e lo zucchero. Mescola.

Sempre mentre il panetto riposa, stendi uno strofinaccio sul piano, cospargilo di farina e sopra tira col matterello una pasta sottilissima e rotonda. Cospargi di burro fuso, versa le mele avendo l'accortezza di lasciare libero, tutto in giro, un bordo di 3 cm.

Arrotolalo con cautela aiutandoti con lo strofinaccio e sistemalo in una teglia ricoperta di carta da forno. Spennellalo ancora col burro fuso e passa in forno a 180° finché non si sarà dorato.

Servi lo strudel caldo, o tiepido, spolverizzato con zucchero a velo.

Genialata Anche lo strudel è un'eredità del nostro passato di terra di conquista. Di origine tedesca oggi è una specialità del Trentino Alto Adige, dove si producono tonnellate di mele.

Impossibile raccontare tutte le mele di quelle zone, dalla Golden delicius, la Gloster, dalla Iraded alla Granny Smith. Per questo dolce van tutte bene. Potendo scegliere, la Renetta bio, mela asciutta dalla buccia ruvida, è la migliore. La mela è uno dei frutti che gli europei hanno esportato nel Nuovo Mondo: Johnny Appleseed dei Pilgrim Fathers (pare un nome da rockstar lo so…) girava con le tasche piene di semi di mela e li piantava dovunque andasse.

Ideona Con gli stessi ingredienti del ripieno si possono fare **Frittelle** buonissime e veloci: lava e taglia a rondelle le mele, intingile in una pastella fatta con farina, uovo, zucchero e un bicchierino di liquore e friggi. Scolale dell'olio in eccesso e rotolale nello zucchero: il piatto è fatto.

Ingredienti 350 g di farina, 100 ml di acqua, 150 g di burro, 2 uova, sale fino; *per il ripieno*: 1 kg di mele, 100 g di zucchero, 100 g di uvetta, 50 g di pinoli, 1/2 cucchiaino di cannella, 1 limone.

103__Tiramisù

Dividi i tuorli dalle chiare. Monta il giallo con metà zucchero e il mascarpone, gli albumi a neve col resto dello zucchero e mischia insieme i due composti.

Sistema i biscotti inzuppati di caffè corretto con il Marsala o il rum, in uno stampo rotondo e ricoprili con un primo strato di crema. Continua a montare a strati il tuo *tiramisù* con crema, biscotti e caffè, finendo con la crema.

Guarnisci la superficie con una spolverata di cacao, sigilla con la pellicola e passa in frigo per qualche ora prima di servirlo.

Genialata Quando si dice il *genio italiano*: la prima volta che la parola *tiramisù* compare su un vocabolario era il 1981.

Il dolce al cucchiaio più famoso d'Italia, e nel mondo, è stato inventato solo pochi decenni fa, eppure è già una star dappertutto.

In verità all'estero, insieme a *pizza*, *lasagne* e *pasta al ragù* è fra le ricette italiane più tradite, ma tant'è, tutti vogliono il *tiramisù*. Che sia per l'aura afrodisiaca che lo circonda, che vede in questo dolcetto una sorta di viagra goloso e di sostanza?

Fa parte della categoria di dolci a strati, proprio come la *zuppa inglese* di cui è chiaramente lo *spin off*… ma qui l'originalità si ritrova negli ingredienti, e anche la sua bontà sta tutta, e solo, nella loro qualità.

Visto il grande successo mondiale ora sono in tanti a reclamarne la paternità: ogni regione, ogni ristorante, vorrebbe averlo "inventato". In Italia, per ora, se lo contendono tra Toscana, Piemonte e Veneto.

Ideona Per renderlo più leggero (anche se aborro le rivisitazioni!), consiglio di usare la ricotta al posto del mascarpone: con le fruste elettriche montala ben bene col liquore.

Puoi sostituire i savoiardi con i pavesini. O puoi riciclare un vecchio ciambellone, un pan di Spagna, o ridar vita al pandoro, a un pezzo di panettone o di colomba. Vedi? Tutto fa… tiramisù!

Ingredienti 4 tuorli freschissimi, 100 g di zucchero semolato, 3 tazze di caffè forte, 300 g di mascarpone, 30 savoiardi (o pavesini, vd. **Ideona**), 1 bicchierino di Marsala o Jamaica rum a piacere, 50 g di cioccolata fondente, cacao amaro qb.

104__ Torta di cioccolato

Metti sul fuoco, a bagnomaria, una pentolina con una ciotola dentro la quale metterai la cioccolata e il burro a far sciogliere.

Intanto in una ciotola grande, con le fruste elettriche e parecchia pazienza, monta le uova con lo zucchero e la farina di mandorle, fin tanto che non avrai una spuma chiara e soffice.

Mischia bene le due creme versando la cioccolata a filo dentro le uova. Imburra e infarina una teglia, versa il composto e infila in forno caldo a 170° per 15 minuti.

Durante la cottura comincerà a creparsi in superficie: fai il test dello stecchino e, se esce asciutto, spengi forno e tira fuori la torta.

Quando è tiepida "scaravoltala" sul tagliere, spolverala bianca o nera con zucchero o cacao, a tuo piacimento, falla a quadratini e portala in tavola magari con una cucchiaiata di panna.

Genialata Questa torta, senza Cristoforo Colombo, non l'avresti potuta fare. Certo, anche senza galline la vedo dura…

Sì, perché in pratica è un frittatone di cioccolata, con l'aggiunta di mandorle. Facilissima, ti permetterà di non andare in pasticceria quando avrai da fare bella figura: comoda da portarsi dietro in una scampagnata, o da regalare.

Le mandorle In pasticceria se ne fa un grande uso, sia al Nord che al Sud d'Italia. Se in Sicilia le usano per la "pasta reale", deliziosa natura morta da iperglicemia, al Nord, fin dal Medioevo sono state messe dappertutto. Sarà perché la mandorla era considerata apotropaica? Come dire, tiene lontano la sfiga, gli influssi del maligno e porta bene? Sì. Erano considerate simbolo di luce: quante Madonne nei dipinti quattrocenteschi stanno in cielo in una mandorla! Al contrario delle povere noci, coagulo di sfiga, nero e stregonesco con quella loro forma che tanto somiglia al cervello… Lo dico sempre: l'Illuminismo, anche in cucina.

Ingredienti 375 g di cioccolato fondente al 70%, 225 g di burro, 150 g di farina di mandorle, 8 uova bio, 8 cucchiai di zucchero semolato; cacao amaro o zucchero a velo qb.

105__ Tortino di semolino

Fai sciogliere il burro in un pentolino sul fuoco, a fiamma bassa.

Sbriciola i biscotti e versaci il burro fuso. Mescola velocemente con le mani affinché tutto si amalgami e metti il composto a cucchiaiate negli stampini: premi forte con le dita e passa in freezer.

A questo punto poni un pentolino a bollire col latte e i semini di vaniglia. Prima che spicchi il bollore versa il semolino a pioggia e, girandolo continuamente, fai cuocere 10 minuti.

Tira fuori dal congelatore gli stampini e versaci subito, a bollore, uno strato di semolino che livellerai con un mestolo bagnato. Rimetti nel freezer.

Se hai la fortuna di possedere un tegamino di rame è il momento di usarlo: sul fuoco a fiamma piuttosto bassa, mescolando, sciogli cioccolata e panna. Ritira fuori gli stampini e, sul bianco semolino versa la crema nera cioccolatosa. Sigilla con la pellicola e metti nel frigo per far rassodare la cioccolata.

Genialata Quando mangi la cioccolata non pensare alla bilancia, pensa solo alle tue endorfine che voleranno a mille: nel cacao sono state riscontrate ben 800 componenti attive, stimolanti dei centri del benessere. Una droga buona! Ti conviene scegliere di fare la tortina monoporzione, così gli ospiti se ne mangiano una sola, non chiedono il bis e forse qualcosa ti rimarrà per il giorno dopo…

Nel nostro Paese, anche se non si produce cacao, si fanno alcune delle cioccolate più buone del mondo perché da noi c'è tradizione. "Puro" è la parolina magica: vuol dire che non ci sono grassi vegetali diversi dal burro di cacao.

Fondente Almeno il 43% di pasta di cacao col minimo di 26% di burro di cacao e non più del 57% di zucchero.

Fondente extra Non meno del 45% di cacao, almeno il 28% di burro di cacao, non più del 55% di zucchero.

Ingredienti 400 g di cioccolata fondente al 70%, 400 ml di panna, 150 g di semolino, 1/2 l di latte, un pacco di biscotti con gocce di cioccolato, 150 g di burro, 80 g di zucchero, un baccello di vaniglia.

106__Zuccotto

Prepara il *pan di Spagna*: monta, con le fruste elettriche, le uova con lo zucchero e un pizzico di sale aggiungendo la farina poca per volta. Non devi avere furia, monta per 10 minuti.

Accendi il forno a 180°, imburra e infarina la teglia, versa il composto e fai cuocere per 30 minuti.

Da freddo taglia il dolce a listelle alte 1 cm e, rivestitoci lo stampo a calotta, bagnale col liquore.

Tira fuori dal frigo la panna e montala con zucchero e vaniglia. Dividila in due parti: metà la rimetti in frigo, l'altra la versi nello stampo, fino ad arrivare a metà altezza; livellala, sbattendo il contenitore delicatamente sul tavolo. Copri ora la panna con altre listelle che avrai bagnato con l'Alkermes e, sopra, distribuisci il croccante a pezzettini.

Riprendi l'altra metà della panna, aggiungi con cura il cacao e i pezzetti di cioccolato. Distribuisci la panna "condita" nello stampo, avendo cura di lasciare un centimetro che riempirai con un altro strato di fette di torta bagnata col liquore. Copri lo stampo con la pellicola e metti in frigorifero e non nel freezer: la panna gelata è orribile!

Genialata Lo zuccotto, il padre di tutti i *semifreddi*, tipico dolce toscano, è una preparazione da cuochi previdenti: si fa il giorno prima. L'ha inventato Salvatore Masini, detto Gigi "Il pasticciere", a Firenze negli anni '30. Ormai è internazionale.

Lo zuccotto ha un'anima colta e intellettuale giallo oro e penetrante, lo Strega. Chi lo produce, dal 1860 a Benevento, dal 1947 finanzia anche l'omonimo premio letterario, vinto negli anni da Ennio Flaiano, Tomasi di Lampedusa, Pavese, Tobino, Landolfi, Parise, Magris, Piccolo.

Strega Liquore di Benevento, patria di tutte le streghe del mondo: *nomen omen*.

Ingredienti 120 g di farina, 120 g di zucchero a velo, 4 uova, un pizzico di sale, 20 g di burro e liquore Strega per la bagna *Per il ripieno*: 600 ml di panna, 150 g di zucchero a velo, un baccello di vaniglia, 30 g di cacao amaro, 75 g di cioccolato fondente, un bicchiere di Alkermes, un pezzo di croccante di mandorle.

107___Zuppa inglese

Fai la *crema inglese*: metti sul fuoco, a bagnomaria, il composto di uova e zucchero ben montato, al quale aggiungerai latte e panna riscaldati. Se è stagione, profuma la crema con foglie di pesco, oppure con la buccina del limone.

Girala senza mai farla bollire.

In una scodella versa il caffè forte e, in un'altra, l'Alkermes: inzuppa i savoiardi, velocemente, alternando gli strati, uno nero di caffè, uno rosso di liquore, e sistemali in una zuppiera di vetro, versando su ognuno una generosa dose di crema. Alterna verso e colore fino all'ultimo strato di crema. Sigilla con la pellicola e passa per qualche ora in frigo. Al momento di servirla spolvera col cacao amaro.

Genialata Gli stranieri hanno sempre amato l'Italia, fin da quando il primo danaroso intellettuale fece il suo *Grand tour*. Goethe, Montaigne, Byron, Stendhal… ognuno ha lasciato un diario del suo viaggio in Italia. Oddio, in genere non facciamo una bella figura, ma tant'è da Firenze parecchi viaggiatori non sono più ripartiti. Ben presto la colonia degli *anglo-beceri*, da quanto l'amava, volle battezzare col proprio nome questo dolcino che faceva Doney, il pasticciere del Centro. Famoso in tutta Italia, in Toscana la zuppa inglese è la regina incontrastata dei dolci casalinghi.

Savoiardo Biscottino dalla forma particolare che regala una leggerezza unica, impagabile a bavaresi, salse, composte ecc… deve la sua caratteristica *all'ammoniaca*, non quella dei pavimenti, si intende.

Ideona Preparare i savoiardi in casa? Si può: disponi a fontana 1 kg di farina e aggiungi 400 g di zucchero, 6 uova e 200 g di burro, 1 bicchiere di latte fresco con dentro sciolti 35 g di ammoniaca e la scorza del limone. Impasta. Fai dei bastoncini grossi come un dito e passa la parte superiore nello zucchero semolato. Metti in forno a 170° per 20 minuti finché non diventa color oro pallido. In Piemonte hanno anche una placca "da savoiardo" per farli venire tutti uguali, come soldatini.

Ingredienti 700 g di savoiardi, 1 l di latte, 1/2 l di panna, 6 tuorli, 200 g di zucchero, 1 limone bio, 6 tazze di caffè, liquore Alkermes, cacao amaro.

108___Amaro di china

Mescola 250 g di alcol con 150 g di acqua fresca e mettici a macerare la china e la corteccia d'arancio, ambedue pestate. Lascia riposare in luogo tiepido per 10 giorni, avendo cura di agitare il vaso un paio di volte al giorno.

Passati i giorni, filtra il liquido e spremi bene; metti sul fuoco un pentolino con lo zucchero e 600 g di acqua e fallo sciogliere senza che l'acqua raggiunga il bollore. Unisci tutto assieme al mezzo litro di alcol rimasto, mescola e imbottiglia.

Genialata Alcolici, benzina dell'uomo. Tutto cominciò con la ricerca della "fontana della giovinezza" che annullasse la vecchiaia. Un chimico, tale Lullo, verso il 1300 riesce a distillare la "quintessenza", ossia l'alcol che prima si riusciva a ottenere solo tramite fermentazione. Un bel passo avanti per gli ubriaconi! Ma chi diede il colpo finale, inventando un sistema semplice per preparare l'alcol, futura perdizione? Fu *nientepopodimenoche* un Savonarola, lo zio di quel Girolamo che a Firenze, verso la fine del 1400, fustigò i costumi lascivi e lussuriosi dei fiorentini e finito però arrosto in piazza la volta che esagerò con le sue bacchettate. Beh, a tutto c'è un limite! Fu chiamata *aquarzente*, acqua antisterica, e fu somministrata durante le pestilenze dai frati di San Marco: pare facesse miracoli, mica all'acqua di rose…

Ogni ordine monastico ebbe da quel momento le proprie ricette di amari, elisir e acquavite. Per i ricchi cominciarono a macerarci oro, perle e pietre preziose. Per noi comuni mortali invece spezie, erbe e frutti, come fanno ancora oggi.

Ideona Questo *amaro di china* appartiene alla famiglia dei rosolii. Qui niente alambicchi e distillazione, basta che ti ricordi una formula e puoi farti in casa qualsiasi liquore: considerando un litro di acqua aggiungi un litro di alcol e 1,5 kg di zucchero. Poi infili dentro a macerare tutto ciò che ti piace o aggiungi gocce della tua essenza preferita: alla salute!

109__Caffè & caffè corretto, il ponce

In un pentolino versa un mix di *rum fantasia* e *Sassolino*, aggiungi lo zucchero, la scorzetta del limone e porta tutto a ebollizione. Unisci un buon caffè ristretto, mescola, versa nel bicchiere e butta giù.

Il caffè all'italiana è caldo come l'inferno, nero come il diavolo, puro come un angelo, dolce come l'amore. In Italia non si coltiva nemmeno una piantina di caffè, eppure siamo il popolo che ha fatto conoscere *l'espresso* a tutto il mondo. Solo in Italia se ne bevono 70 milioni di tazze al giorno. L'espresso del bar nasce nel 1937 con la macchina a stantuffo della Gaggia. La napoletana è dell'800 e la moka, del signor Bialetti, del 1933.

Sfumature dialettiche *Lungo, ristretto, alto, basso, lunghetto, caffettino, al vetro, doppio, americano, macchiato caldo o freddo, shakerato, cappuccino, decaffeinato, bicerin, alla valdostana, viennese, freddo, istantaneo, solubile, romano, napoletano, marocchino, corretto…*

Galateo del caffè. Portalo caldissimo con la macchinetta e versalo davanti ai commensali. La tazzina col manico a destra, come il cucchiaino. Se servito a tavola, il piattino rimane lì e si alza solo la tazzina. Se è offerto da seduti, in salotto, si tiene con la sinistra il piattino e con la destra si porta la tazzina alla bocca.

Ponce a vela Ecco il re dei caffè corretti, degli *ammazzacaffè*, l'ideale conforto dopo un bel pranzo o una bella cena; digestivo, *scaldabudella* corroborante per un pomeriggio di tramontana allo stadio o dopo una passeggiata. Il ponce è popolare ma ha una sua degna storia. Pare, dice, si vocifera che derivi dal sanscrito *pancha*, "pugno", e di questo in verità te ne accorgi quando lo bevi: un cazzotto nello stomaco e, come le dita del pugno. Cinque sono i suoi ingredienti: *caffè*, stimolante del cuore, *rum fantasia* e *zucchero*, che ti danno una botta di energia immediata, più *limone* e *cannella* che gli donano profumo ed euforia. Il ponce per sfondare, sfonda…

Ingredienti Per una persona: una tazza di caffè forte e bollente, un bicchierino di rum fantasia, 2 cucchiaini di zucchero semolato, buccia di limone, un bicchierino di Sassolino alla cannella.

110__Crema di limone

Tieni a bagno i limoni nell'acqua calda, per una mezz'ora, spazzolali bene e poi asciugali. Con un coltellino affilato sbucciali e immergi le scorze in un barattolo che avrai riempito di alcol. Chiudilo e lascia le scorze in infusione per 4-5 giorni a temperatura ambiente: alla fine dovranno diventare come di cartone e l'alcol sarà diventato giallo. Dopodiché, in una pentola capiente, fai bollire il latte con lo zucchero e il baccello di vaniglia. Fallo raffreddare. Aggiungi l'alcol, mescola e togli bucce e baccello. Travasa in bottiglie.

È buono bevuto freddo.

Genialata Alza la mano se in Italia non ti hanno mai offerto, a fine pasto, un bicchierino di quel liquore giallo, ghiacciato e profumato che si chiama *limoncello*, il liquore di limone che in pochi anni, dalla Costiera Amalfitana, ha inondato le tavole di tutta Italia, e del mondo, in un nuovo rito sociale. Ecco, fatto in questo modo, con l'aggiunta del latte, se possibile è ancora più buono!

Sorrento, Amalfi, Capri e limitrofi se ne contendono la paternità. Ma quando l'idea è geniale, gustosa e di poco costo, è facile che poi diventi di tutti, alla faccia dei brevetti e dei marchi registrati!

E allora, dietro al successo del *limoncello* ecco il *mandarinello*, il *cedrello*, l'*arancello*, il *bergamottello*, il *limellopompelmello*, *chinottello*, *clementinello*, *mandarancello*, *kumquattello*… esagerati e copioni, come sempre! La *crema di limone* crea dipendenza, *statte accuorto*!

Qui non ci sono alambicchi o segreti indicibili, qui il segreto sta tutto nella buccia… nella buccia del limone che deve essere molto spessa e profumata. E bio, è inutile dirlo!

Anche l'alcol deve essere di qualità per non ghiacciarsi quando riponi la bottiglia nel freezer prima di servirlo.

Ideona Lo hai mai assaggiato mescolato allo champagne o con l'aggiunta di acqua tonica? E versato sul gelato o sulla macedonia? Passepartout di gran rispetto per ogni fine cena di qualunque stagione.

Ingredienti 1 l di alcol puro, 6 limoni di Costiera biologici, 2 l di latte intero fresco, 1 kg di zucchero semolato,1 baccello di vaniglia.

111__Nocino del Fez

Inizia il lavoro mettendoti un paio di guanti da cucina, che il mallo non perdona e macchia in maniera quasi indelebile. Poi con un coltello di ceramica, taglia le noci in 4 pezzi e butta tutti gli ingredienti dentro a un contenitore con chiusura ermetica.

Metti al sole per 40 giorni e, un paio di volte al giorno, agitalo e scuotilo.

Filtra due volte, imbottiglia e lascialo riposare fino a Natale.

Genialata Come ogni liquorino casalingo, anche la ricetta del nocino segue regole legate alla natura, alla luna, al calendario.

Tre le cure particolari: mani femminili e piedi scalzi al solstizio dovrebbero staccare le noci immature senza usare attrezzi di ferro: la preparazione inizia nella *notte di mezza estate*, per la festa di san Giovanni Battista, quella della *guazza miracolosa* che il santo e la sua schiera di angeli fanno cadere sulla terra, la notte tra il 23 e il 24 giugno, la notte più breve dell'anno.

D'altronde, con tutte le streghe e gli incantesimi che circolano dalla notte dei tempi intorno ai noci, come potresti annientarli senza l'aiuto di santi, angeli e arcangeli?

Ideona Mettilo in frigo e servilo a 16° come fine pasto. Lo puoi accompagnare al piatto dei formaggi stagionati e sapidi come il parmigiano.

Se ti prende il *trip* del nocino, a Nocinopoli, Castelfranco Emilia e Modena, gli *Assaggiatori del tipico di Modena*, organizzano una serata a tutto nocino con assaggi e gare, per decretare il nocino più buono del mondo e non solo: *nociotti*, cioccolatini ripieni di nocino; *tartufini*, tartufi al cioccolato affogati nel nocino, fino addirittura a un *sorcino*, sorbetto al nocino e… Ora, il *nocino* è un ottimo digestivo, un tonico per i disturbi di fegato, ed è vero, fa benissimo, ma è sempre un *superalcolico* non dimenticarlo, perciò *magna cum moderatione…*

Ingredienti 30 noci acerbe colte il 24 giugno* (!), 1,5 l di alcol, 2 pezzetti di cannella, 10 chicchi di caffè, 10 chiodi di garofano, 750 g di zucchero a velo, 700 ml di acqua, la buccia di 1 limone bio.

Musei insoliti del cibo

*Piccola guida golosa ai templi delle eccellenze enogastronomiche
e del nostro saper fare*

Ecomuseo della Dieta Mediterranea, Pollica (SA) |
www.museovivodelmare.it

Casa Artusi, Forlimpopoli (FC) | www.casartusi.it

Hesperidarium. Il Giardino degli agrumi, Castellare di Pescia (PT) |
www.ilgiardinodegliagrumi.it

Manifattura dei Marinati (museo dell'Anguilla), Comacchio (FE) |
www.parcodeltapo.it

WIMU Museo del Vino a Barolo, Barolo (CN) | www.wimubarolo.it

Archivio Storico e Museo Birra Peroni, Roma (RM) |
www.birraperoni.it

Il Museo del Carbonaio di Cetica, Cetica (AR) |
www.ecomuseo.casentino.toscana.it

Musei del Cibo, Parma (PR) | www.museidelcibo.it
   Museo del Parmigiano Reggiano, Soragna (PR)
   Museo del Pomodoro, Collecchio (PR)
   Museo del Prosciutto, Langhirano (PR)
   Museo del Salame di Felino, Felino (PR)

Museo del Cioccolato "Antica Norba", Norma (LT) |
www.museodelcioccolato.com

Museo del Confetto, Sulmona (AQ) | www.confettipelino.com

Museo del Culatello, Antica Corte Pallavicina,
   Polesine Parmense (PR) | www.acpallavicina.com

Museo della Frutta, Torino (TO) | www.museodellafrutta.it

Museo della Frutticoltura "A. Bonvicini", Massa Lombarda (RA) |
www.comune.massalombarda.ra.it

Il Giardino delle Erbe "Augusto Rinaldi Ceroni",
   Casola Valsenio (RA) | www.ilgiardinodelleerbe.it

Gelato Museum Carpigiani, Anzola (BO) | www.gelatomuseum.com

Poli. Museo della Grappa, Bassano del Grappa (VI) |
www.grappa.com

Museo della Liquirizia Giorgio Amarelli, Rossano (CS) |
www.museodellaliquirizia.it

Museo del Maiale, Carpinello Sinello (CH) |
www.museodelmaiale.it

Museo all'aperto dell'Olio, Brighisella (RA) | www.brighisello.net

Museo dell'Olivo, Imperia (IM) | www.museodellolivo.com

Museo del Pane, Fondazione Conte G. G. Morando Bolognini,
Sant'Angelo Lodigiano (LO) | www.castellobolognini.it

Museo Nazionale delle Paste Alimentari, Roma (RM) |
www.museodellapasta.it

Museo della Patata, Budrio (BO) | www.ce-pa.it

Museo della Pentola, Rozzano (MI) | www.amcitalia.it

MUSA Museo del sale di Cervia, Cervia (RA) |
www.musa.comunecervia.it

Museo nazionale italiano del Tè, Raddusa (CT) |
www.lacasadelte.it

Museo provinciale del vino di Caldaro, Caldaro (BZ) |
www.museo-del-vino.it

Museo del Vino e del Cavatappi, Ciliverghe di Mazzano (BS) |
www.museimazzucchelli.it

MUVIT Museo del Vino di Torgiano, Torgiano (PG) |
www.lungarotti.it

Museo del Vino di casa Vinicola Zonin, Giambellara (VC) |
www.zonin.it

Museo della Vite e del Vino Carmignano (PO) |
www.comune.carmignano.po.it

Museo del sale, Nubia Paceco (TP) | www.museodelsale.it

E tutte le strade del vino, dell'olio e del latte...

SAPORI UNITI D'ITALIA

BISCALCHIN

Souvenir d'Italie

censimento delle cose che ti fanno fare… gnaaammm!
(tutto quello che puoi mettere in valigia durante un viaggio in Italia)

Valle d'Aosta FONTINA, lardo di Arnad, mocetta, **jambon de bosses,** VALLE D'AOSTA DOP

Piemonte Agnolotti del plin, ASTI bettelmatt, **gianduiotti,** nocciola tonda gentile delle langhe, tajarin, vini rossi, tume, CASTELMAGNO, robiola di Roccaverano, **tartufi bianchi,** ALBA DOP, polenta concia, caponet, tofeja, pesche ripiene, grissini e giuncà, torcetti, salsiccia BRA DOP, baci di Cherasco, marron glacé, marrone valle di susa, RASCHERA, **riso di baraggia,** taleggio, TOMA, **tinca gobba,** BARBERA, dolcetto, gattinara, Nebbiolo

Lombardia Bitto, GRANA PADANO, mortadella di fegato, polenta, casoncelli, riso, pizzoccheri, sbrisolona, luganega, bresaola, casera, polenta taragna, scimudin, violino di capra, misultin, pannerone di Lodi, bagoss, crescenza, cotechino di modena, caprini della Valsassina, strachitunt, taleggio, gorgonzola, salame di Varzi, mela Valtellina, panettone, salame di testa, pan meino, pan di segale, panone, **salame d'oca di mortara,** brasciadei, cupeta, brutti e buoni, sbrisolona, oltrepò pavese, bonarda, ALTO MINCIO

Veneto
Offella veronese, montasio, **radicchio rosso di Treviso,** BAICOLI, **aglio bianco, PIAVE DOP,** asiago, **asparago bianco di Bassano,** cozza di scandovari, FAGIOLO LAMON, **pandoro,** insalata di Lusia, MONTASIO, sopressa vicentina, RISO DEL DELTA DEL PO, CONEGLIANO VALDOBBIADENE, bardolino, Recioto, PROSECCO DOP, **Valpolicella,** SOAVE SUPERIORE, CUSTOZA DOP

Friuli Venezia Giulia
Frico friulano, BROVADA, gubana, prosciutto di Sauris, ricotta affumicata, Prosciutto san Daniele, **MONTASIO,** SALAMINI CACCIATORA, Colli Orientali del Friuli, Picolit, COLLIO GORIZIANO, prosecco

Trentino Alto Adige
Puzzone di Moena, strudel, ASIAGO, mela Alto Adige, SALMERINO, speck, susina di Dro, **frutti di bosco,** TROTE, Teroldego Vallagarina Igp, LAGO DI CALDARO DOP

Liguria
Farinata, focaccia di Recco, panissa, pesto, pansoti, noci, BASILICO, coniglio alla ligure, ACCIUGHE SOTTO SALE, burridda, Pandolce, gamberi di Oneglia, CINQUE TERRE SCIACCHETRÀ, Pornassio Dop, olio extravergine

Emilia e Romagna Aceto balsamico tradizionale, COPPA DI PARMA, **culatello di zibello,** Prosciutto di Parma, **Cappelleti,** Anguilla di Comacchio, Pesche Nettarine, Squacquerone, Pesce Azzurro, Salame di Felino, Spalla cruda e cotta di San Secondo, LAMBRUSCO DI SORBARA, Anolini parmigiani, Tortelli d'erbetta, funghi porcini di Borgotaro, LAMBRUSCO GRASPAROSSA, cima ripiena, kiwi, CILIEGIA DI VIGNOLA, formaggio di fossa, riso del delta, SALAMA DA SUGO, scalogno di Romagna, mortadella di Bologna, **Parmigiano Reggiano, GRANA PADANO,** AGLIO DI VOGHIERA, amarene brusche, ZAMPONE, Formaggio di Fossa, Piadina romagnola, **tagliatelle,** passatelli

Toscana MARRONI DEL MUGELLO, pici, pecorino senese, **pane senza sale**, chianina, **farina di neccio,** cinta senese, zafferano, schiacciata fiorentina, schiacciata con l'uva, cecina, **cinta senese,** il gurguglione dell'Elba, farro della Garfagnana, fagioli di Sorana, FAGIOLI ZOLFINI, lampredotto, OLIO EXTRAVERGINE, panforte, CIOCCOLATO E CAFFÈ, ricciarelli, SEGGIANO DOP, **mortadella di Prato,** cavallucci, tiramisù, GELATO BUONTALENTI, miele della lunigiana, LARDO, finocchiona, **CHIANTI,** sigari, pinoli di Migliarino, **tartufo di San Miniato,** pesche di Prato, **castagne di Cetica,** peperoncino di Bibbona, **palamita sott'olio**

Umbria Lenticchie di Castelluccio, tartufo di Norcia, mazzafegato, prosciutto di Norcia, olio extravergine, FAGIOLINA DEL TRASIMENO, zafferano, **MONTEFALCO SAGRANTINO,** rosso orvietano, spoleto Dop, TORGIANO ROSSO

Marche Cicerchiata, moretta di Fano, CASCIOTTA D'URBINO, ciauscolo, maccheroncini di campofilone, Verdicchio di Matelica, OLIVA ASCOLANA, PROSCIUTTO DI CARPEGNA, Verdicchio dei castelli di Iesi, **conero Dop, formaggio di fossa**

Lazio Carciofo romanesco, PANE DI GENZANO, pecorino romano, porchetta di Ariccia, ciambelle al vino, **tozzetti alle mandorle,** pizza bianca, puntarelle, KIWI DI LATINA, ricotta romana, SEDANO BIANCO DI SPERLONGA, Atina Dop, **CERVETERI, Cesanese di Affile,** patata dell'alto viterbese, castagna di Vallerano

Abruzzo Aglio rosso di Sulmona, **maccheroni alla chitarra**, mortadella di Campotosto, torrone, castrato, salsiccia di fegato con il miele, ventricina di Vasto e di Teramo, MONTEPULCIANO D'ABRUZZO, guanciale, ricotta affumicata, scrippelle, AGNELLO, parrozzo, **ZAFFERANO, confetti**

Campania Limone di Massa Lubrense, PASTA DI GRAGNANO, mozzarella di bufala, MELANNURCA, friarielli, NOCCIOLA DI GIFFONI, carciofo di Paestum, CASTAGNA DI MONTELLA, Greco di Tufo, pomodorino del Piennolo, provolone, fico bianco del Cilento, Fiano di Avellino, LIMONE di Sorrento, Marrone di Roccadaspide, POMODORO S. MARZANO, Aglianico del Taburno, Falanghina del Sannio, **castagna di Montella del Gal Partenio,** nocciola d'Avellino

Molise Caciocavallo di Agnone, juncata, ventricina, BIFERNO

Basilicata Caciocavallo podolico, **canestrato di Moliterno**, mostaccioli di Avigliano, PECORINO DI FILIANO, FAGIOLO DI SARCONI, PANE DI MATERA, Aglianico del Vulture, Melanzana rossa di Rotonda, Peperoni cruschi di Senise, MOZZARELLA, Olive infornate di Ferrandina, salsiccia lucanica, picernese, olio extravergine

Calabria Caciocavallo silano, **cipolla rossa di Tropea**, 'Nduja, soppressata, BERGAMOTTO, **capocollo,** Patata della Sila, Torrone di Bagnara, Liquirizia di Calabria, **CIRÒ, clementine, LOCRIDE IGP, peperoncini diavolillo**

Puglia Burrata, canestrato, pane di Altamura, orecchiette, frisella, taralli, Panducale, ARANCIA DEL GARGANO, **CARCIOFO BRINDISINO,** limone femminello, UVA DI PUGLIA, PRIMITIVO DI MANDURIA, galatina Dop, locorotondo, pane di laterza

Sicilia Capperi di Pantelleria, SALE MARINO DI TRAPANI, cassata, Piacentinu ennese, pasta di mandorle, PISTACCHIO DI BRONTE, **ragusano,** ARANCIA DI RIBERA, PAGNOTTA DEL DITTAINO, cioccolato di Modica, FICODINDIA DELL'ETNA, melanzane, cannoli, POMODORO DI PACHINO, pesca di Leonforte, **Malvasia delle Lipari, SCIACCA DOP,** Marsala, **frutta di Martorana,** Passito di Pantelleria

Sardegna Bottarga malloreddus, FIORE SARDO, pane carasau, culurgiones, casu marzu, CARCIOFO SPINOSO, mostaccioli, seadas, lorighittas, miele di corbezzolo, ZAFFERANO DI SARDEGNA, **muggine,** pecorino sardo, ALGHERO, MALVASIA DI BOSA, **vermentino di gallura,** Vernaccia di Oristano, THARROS, **mirto**

Ringraziamenti

*La perfezione è raggiunta non quando
non c'è più niente da aggiungere,
ma quando non c'è più niente da togliere.*

Antoine de Saint-Exupéry

Confesso che è stato un gran divertimento per me e Maddalena pensare, cucinare, fotografare e mangiare (sic!) questi 111 piatti della cucina italiana.

L'unico problema è quando abbiamo dovuto scegliere SOLO queste 111 ricette tra la moltitudine, il mare magnum, la ricchezza infinita della nostra tradizione culinaria. Lì abbiamo avuto qualche sbandamento e, tant'è, inevitabilmente, molto rimasto fuori: niente paura, ci rifaremo alla prossima guida.

Voglio ringraziare prima di tutti la mia dolce amica Silvia Nono, anima e cuore del progetto, senza di lei questa guida non avrebbe visto la luce.

E tutta la banda Emons, sono davvero una famiglia editoriale amorosa e… golosa!

Ringrazio di cuore Bruno Bruchi, amico e fotografo superbo, generoso, sempre prodigo di aiuto e consigli.

Eppoi loro, tutte le nonne, le zie e le mamme d'Italia, depositarie inconsapevoli di tale tesoro, che con costanza e amore continuano spavalde in famiglia, ai fornelli, a portare avanti, a tutelare quotidianamente e senza clamori mediatici, la nostra buona, sana e bella cucina di casa. Grazie.

Luisanna Messeri

Volto amato della cucina in televisione, è autrice e interprete vulcanica di numerosi programmi nei quali ha riprodotto con grazia, semplicità e allegria le lunghe e avventurose traversie di tutte quelle bontà che fanno la nostra vita meno amara, fedele al motto che "la grande cucina non è né quella ricca né quella povera: è quella buona". Grazie a questa passione Luisanna ha ricevuto il premio Marietta ad honorem da Casa Artusi e ha pubblicato *Il club delle cuoche 1* e *2*, *I menu davanti alla tv*, *Te la do io la cucina toscana* e nel 2013 *Una famiglia in cucina* (Vallardi). È ospite fissa de "La prova del cuoco" di Rai Uno. Per Emons, Luisanna cura la collana AudioCook. Gli audiolibri di Luisanna Messeri.

Maddalena Messeri

Studentessa di Lettere e Filosofia, una passione per la cucina e per la fotografia. Ha frequentato un corso di "Digital Fashion Photography" al Central St. Martin College of Art di Londra e ora collabora con la rivista della Prova del Cuoco. Cerca la bellezza nelle piccole cose. Su Instagram è @maddalenamesseri